JN275235

KNITTING BASICS

基本の編み方がわかる本

はじめましての棒針教室

文化出版局編

contents

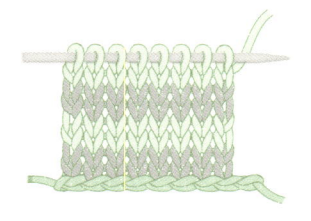

Basic Techniques
基本になる編み方 ─────── 5

作り目 ───────────────── 6
   指に糸をかけて作る方法 ─────── 6
   [糸のかけ方と棒針の持ち方] ───── 7
   かぎ針で作る方法 ────────── 8
   別糸の場合（後でほどける） ───── 9
   [別糸の作り目の拾い方] ─────── 9
   棒針で目を編み作る方法 ────── 10
   輪編みの作り目の方法 ─────── 10
   円形編みの作り目の方法 ────── 11
基本の編み方と編み目 ─────────── 12
   表目＝表編み ─────────── 12
   裏目＝裏編み ─────────── 13
表目と裏目でできる基本の編み地 ───── 14
   メリヤス編み ─────────── 14
   ガーター編み ─────────── 16
   1目ゴム編み ─────────── 16
   2目ゴム編み ─────────── 18
編み目記号（JIS記号）とその編み方 ─── 19
   かけ目、ねじり目、すべり目 ───── 19
   右上2目一度、裏目の右上2目一度 ── 20
   左上2目一度、裏目の左上2目一度 ── 21
   右上3目一度、左上3目一度、中上3目一度 ─── 22
   右増し目、裏目の右増し目 ───── 23
   左増し目、裏目の左増し目 ───── 24

はじめまして。
これから棒針編みを始めてみたいと思っている人、
いつも編んでいるけれどちょっとしたところや
細かい部分がよくわからなかった人、
わかりやすいイラストで手順を一つずつ
確認しながらマスターしましょう。

棒針編みの編み目の種類としては、
「表編み」と「裏編み」しかないのですが、
その組合せでさまざまな表情の編み地ができます。
また、目数の増減によって、自由に形が変えられます。

最初はマフラーが四角く編めないかもしれません。
いつのまにか手かげんがきつくなったり、
なぜか途中で目数が減ったりしてしまうことも。
気持ちを楽にして、リズムよく編めるようになるまで、
慌てないで練習してみてください。

作り目、はぎやとじ方、ゴム編み止めなど、
難しいテクニックは覚えなくても大丈夫。
使うときになったら、この本を開いてみてください。

Decreases & Increases
減し目と増し目 ———— 25

- 減し目 ———— 26
  - 1目の減し目 ———— 26
  - 2目以上の減し目 ———— 32
- 増し目 ———— 34
  - 1目の増し目 ———— 34
  - 2目以上の増し目 ———— 36

Popular Knit Patterns
よく使われる模様編み ———— 38

- 縄編み模様 ———— 39
- レース編み模様 ———— 43
- 玉編み模様 ———— 44
- 引上げ編み模様 ———— 46
- 編込み模様 ———— 47

Assembling
まとめ ———— 49

- 目の止め方 ———— 50
  - 伏止め ———— 50
  - 引抜き止め ———— 51
  - 巻止め ———— 52
  - 目を一度に絞って止める方法 ———— 52
  - ゴム編み止め ———— 53
- 目の拾い方 ———— 55
  - 目からの拾い目、段からの拾い目 ———— 55
- はぎ方 ———— 56
  - 引抜きはぎ、かぶせ引抜きはぎ ———— 56
  - メリヤスはぎ ———— 57
  - ガーターはぎ ———— 58
- とじ方 ———— 59
  - すくいとじ ———— 59
  - コの字とじ、引抜きとじ、返し縫いとじ、半返し縫いとじ ———— 62
- ［知っているとニットがもっと楽しくなる応急手当！］———— 63
- 編みながらあけるボタン穴 ———— 64
- ボタンつけ ———— 65

All you need to start
編み始める前に ———— 65

- 用具について ———— 66
- 棒針、かぎ針 ———— 66
- 編み糸 ———— 67
- ゲージについて ———— 67
- とじ針 ———— 68
- 糸端の始末 ———— 68
- 糸のつなぎ方 ———— 69
- あると便利な用具 ———— 69

index ———— 70

```
A B C D E F G
H I J K L M N
O P Q R S T U
V W X Y Z @
1 2 3 4 5 6 7 8 9 0
```

KNITTING BASICS

Basic Techniques
基本になる編み方

1本の細い糸(線)を2本の棒針で、編み地(平面)にしていきます。
基本になる編み方は、「表編み」と「裏編み」の2種類だけです。
まずは、編み地を編む前に必要な「作り目」をしっかり覚えましょう。
最初は複雑に感じるかもしれませんが、ここを乗り越えなくては編み物になりません。
1段めが編めれば、あとは根気よく繰り返すのみです。
編み目記号がわかるようになれば、ニットブックのデザインも編めるようになります。

編み地の返し方
往復して編む場合は、端まで編んでどう回転させるかがきれいに仕上がるポイントの一つ。
基本的には、段の最後の目まで編んだら、左手人さし指に糸をかけたまま、
編み地を向う側(左回り)に回して左手に持ち替え、はずれた棒針を右手で持ちます。

Basic Techniques —— 基本の作り目

CASTING ON

作り目

編み地を編み始める前に、棒針に元になる目を作ることを「作り目」といいます。作り方にはいろいろありますが、ここではよく使う5つの方法を紹介します。

● 指に糸をかけて作る方法

最も一般的な、よく知られている作り目です。左手の指にかけた糸に棒針をからませて作る方法で、適度な伸縮性があり、メリヤス編みをはじめ、いろいろな模様編みに適しています。編む針より2号ぐらい太い棒針を1本使って作ります。

1 糸を編み端から編み幅の約3倍の長さのところで左手の指にかける

糸端

2 親指の糸をかけ替え、棒針を矢印の方向に入れる

ねじる

3 左手の人さし指にかかっている糸を親指の輪の中に通して引き出す

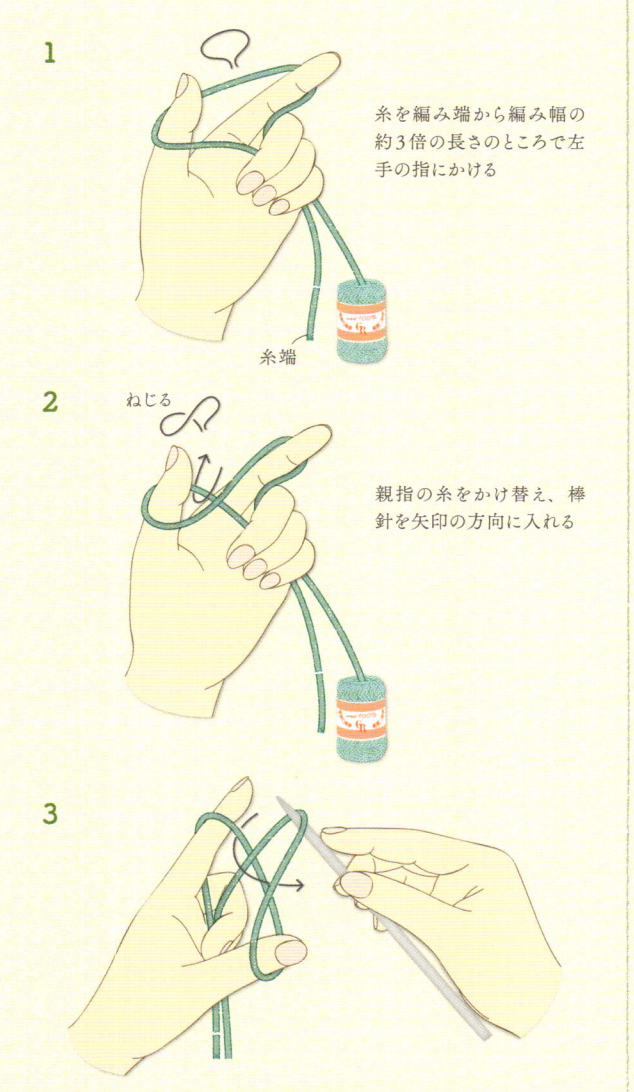

4 親指の糸をはずし、下側の糸にかけ直しながら糸輪を引き締める

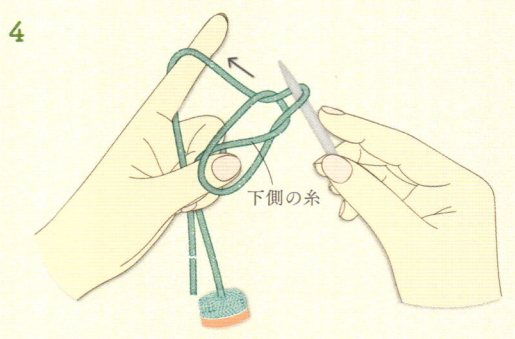

下側の糸

5 1目め

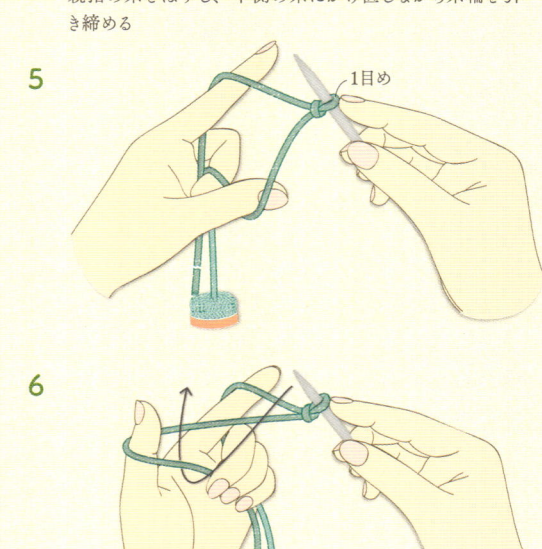

6

7

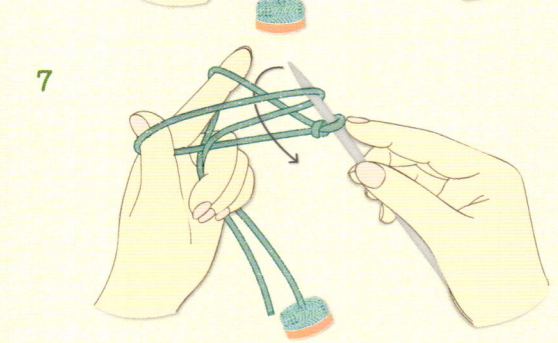

[糸のかけ方と棒針の持ち方]

この方法はフランス式と呼ばれていて、スピーディに編めるので、これから始める人におすすめします。でも、これ以外の持ち方でもかまいません。要は慣れること。一定のリズムで編むことです。

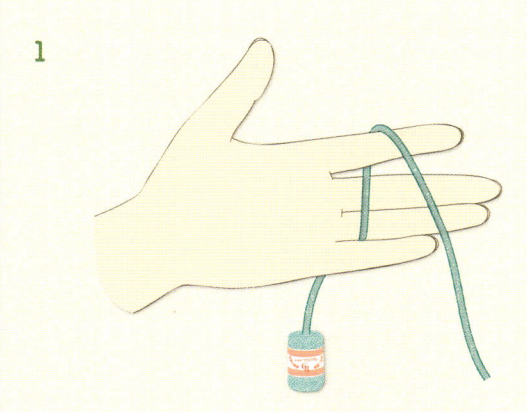

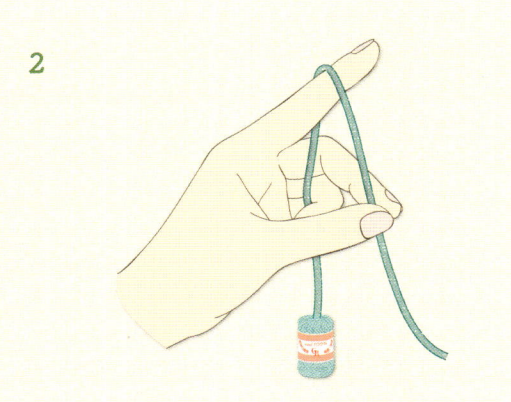

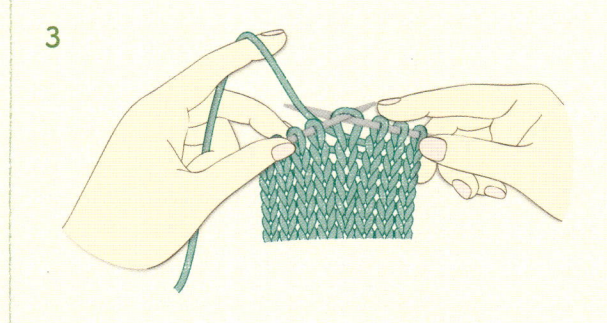

1

2

3

8

9

10

親指を下側の糸にかけ直しながら糸輪を引き締める。
2目めができた。6〜10を繰り返す

11

1目め

必要目数を作る。作り目を1段と数える

Basic Techniques —— 基本の作り目

作り目

かぎ針で作る方法

かぎ針で棒針に直接鎖目を編みつけていく方法です。作り目をそのまま編み端として使う場合は「編み糸（共糸）」、後で作り目をほどいて縁を編む場合は「別糸」で作ります。別糸は、編み糸と区別がはっきりする薄い色で、けばがなく、ほどきやすい糸がいいです。

編み糸の場合

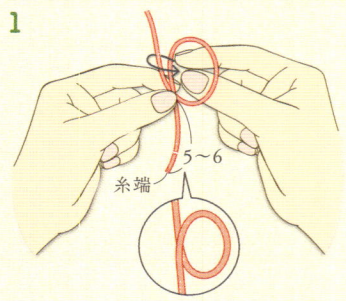

1
糸端から5、6cmのところで輪を作る。輪の交点を左手の指で押さえ、輪の向う側から右手の指を中に入れる

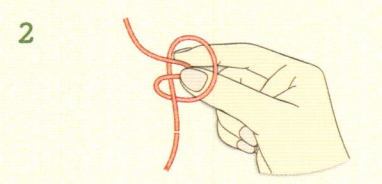

2
上の糸をつまみ、輪の中から引き出す

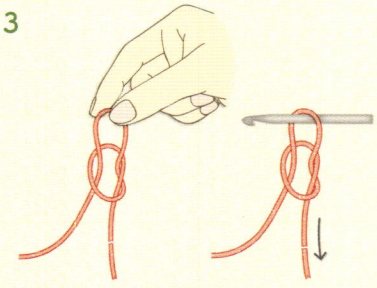

3
輪の中にかぎ針を通して右手に持ち、輪を引き締める

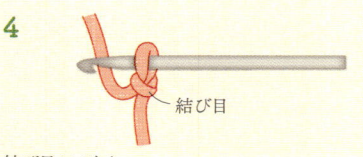

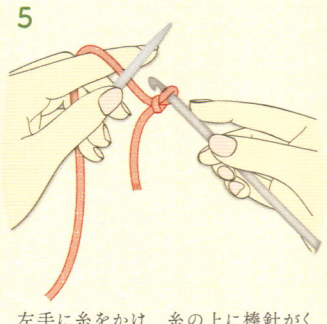

4
結び目ができた

5
左手に糸をかけ、糸の上に棒針がくるようにを持つ

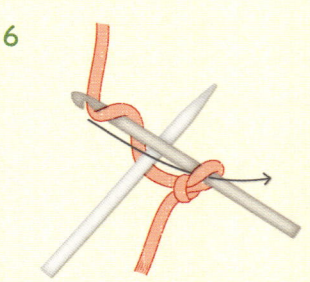

6
かぎ針に糸をかけて矢印の方向に引き抜く

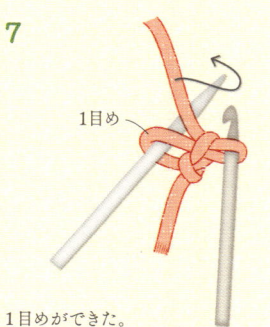

7
1目めができた。糸を棒針の向う側に回す

8
糸を棒針の下に回した状態

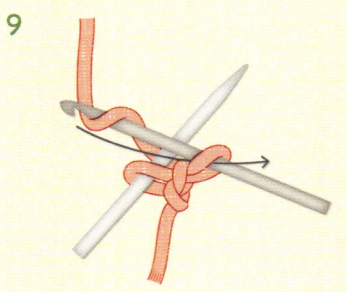

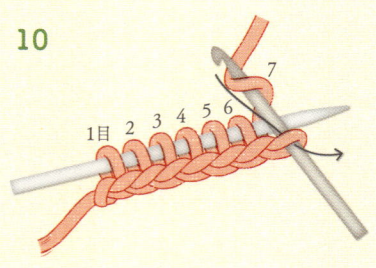

9
6〜8を繰り返す

10
必要目数－1目を作る

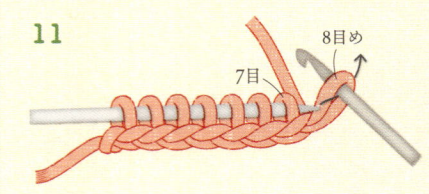

11
最後の目は（ここでは8目め）、かぎ針にかかっているループを棒針にかける。作り目は段に数えない！

[1段めの編始め]
メリヤス編み（p.14参照）の場合

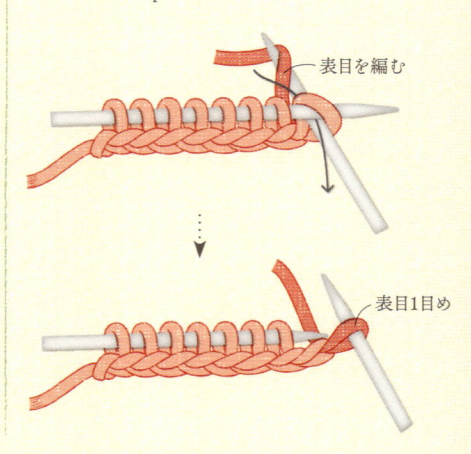

表目を編む

表目1目め

CASTING ON

別糸の場合（後でほどける）

1〜9までは「編み糸の場合」と同じ

10

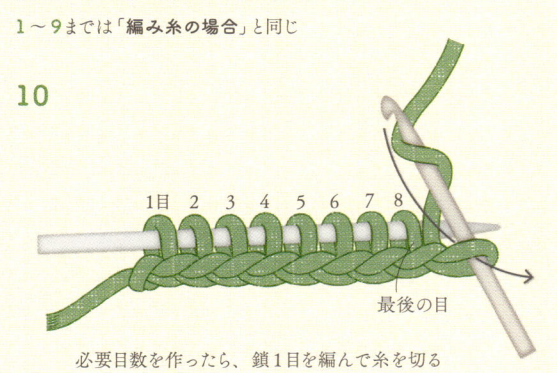

1目 2 3 4 5 6 7 8
最後の目

必要目数を作ったら、鎖1目を編んで糸を切る

11

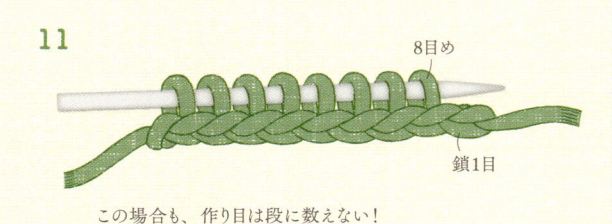

8目め
鎖1目

この場合も、作り目は段に数えない！

[1段め]
メリヤス編み（p.14）の場合

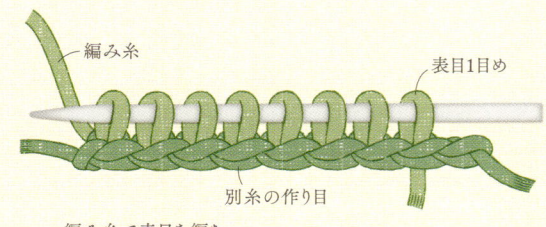

編み糸　　　　　　　表目1目め
別糸の作り目

編み糸で表目を編む

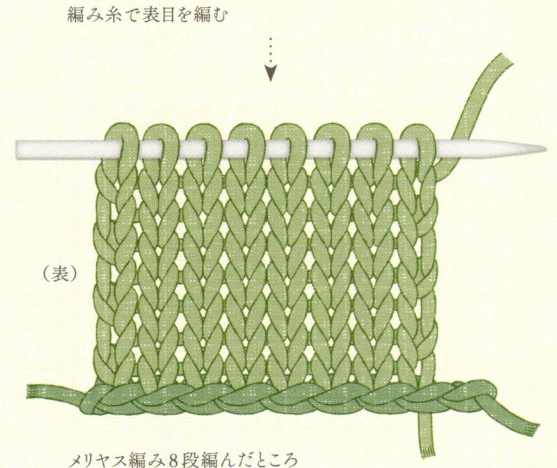

↓

（表）

メリヤス編み8段編んだところ

［別糸の作り目の拾い方］

編み地の裏面を見て、作り目をほどきながら目を拾い、表面を見て縁編みを編みます。

1

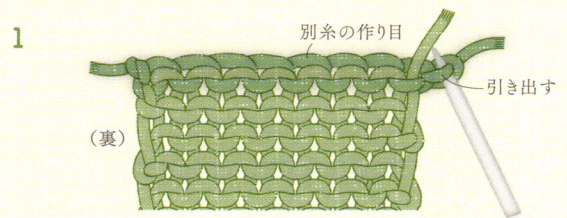

別糸の作り目
引き出す
（裏）

2

端の目に棒針を入れる

1目ずつ別糸の作り目をほどきながら、1段めの目を棒針に拾っていく

3

この目も忘れずに拾う！

4

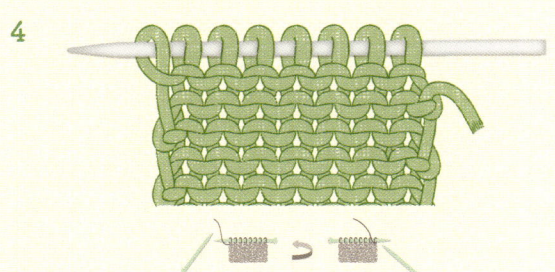

5 縁編みの1段め（1目ゴム編みの場合）

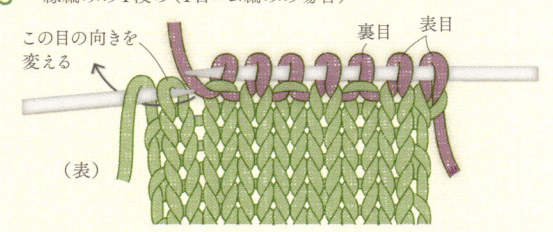

この目の向きを変える
裏目　表目
（表）

編み地を表に返して1段めを編む。最後の表目は図のように糸端と一緒に編むと編み端がきれいに仕上がる

Basic Techniques —— 基本の作り目

作り目

🟢 棒針で目を編み作る方法

編み地を編む棒針を使って作り目をする方法で、作りやすく編始めがしっかり安定します。

1

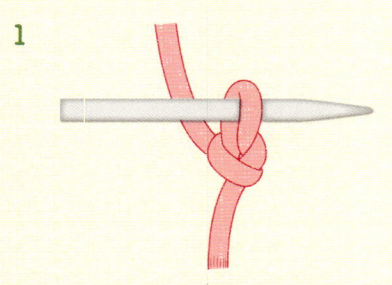

1目めを左針にかける。輪の作り方はp.8の**1〜3**と同じ

2

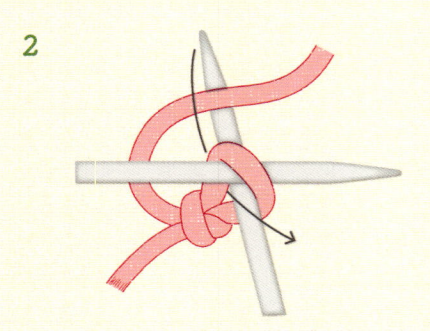

1目めに右針を入れて糸をかけ、矢印の方向に引き出す

3

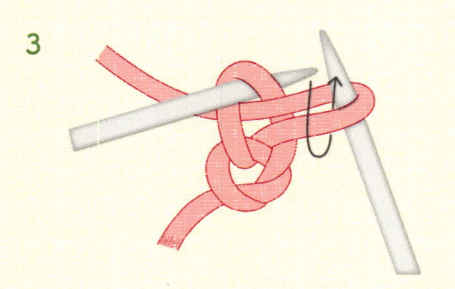

引き出したループの手前から左針を入れて右針を抜く

4

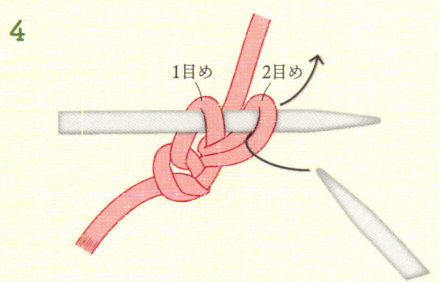

1目め　2目め

2、3を繰り返して必要目数を作る

5

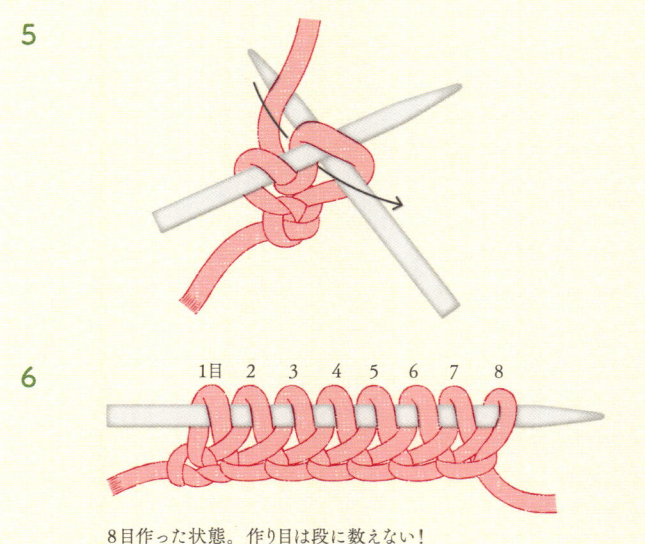

6

1目 2 3 4 5 6 7 8

8目作った状態。作り目は段に数えない！

🟢 輪編みの作り目の方法

編み地をぐるぐると筒状に編むときは「輪針」（p.66参照）を使います。作り方はp.6〜10のどの方法でも使えますが、ここでは「指に糸をかけて作る方法」で図解しています。1段めを編むとき、作り目の向きをそろえること！境目がねじれたり、編み目が回転していないかを確かめてください。また、編始めと終りの目が分かりにくくなるので、作り目の最後と1目めの間に印をつけておくといいです。

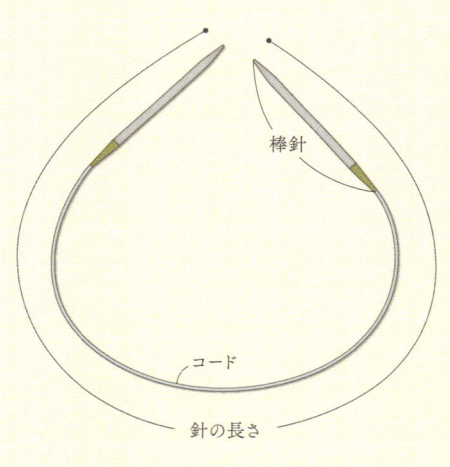

棒針

コード

針の長さ

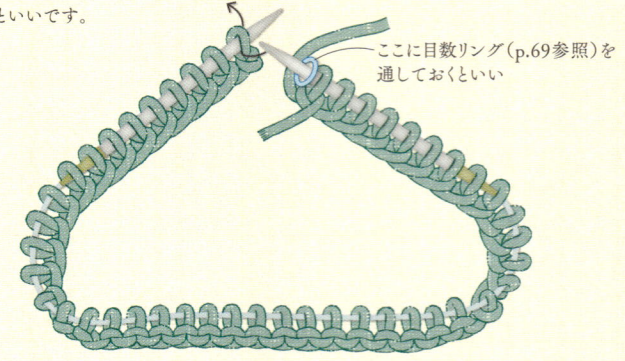

ここに目数リング（p.69参照）を通しておくといい

CASTING ON

● 円形編みの作り目の方法

円形や四角形などのモチーフを中心から編むときに使う作り目です。「クンストレース編み」とも呼ばれ、「かけ目」で増し目をして繊細なレース模様を作ります。

棒針で作る場合

短い棒針を3本または4本を使い、糸輪の中に「表目、かけ目」を繰り返して編み入れ、必要目数を作る。3、4段編んだら糸端を引き、輪を絞る

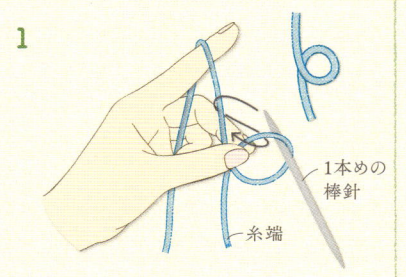

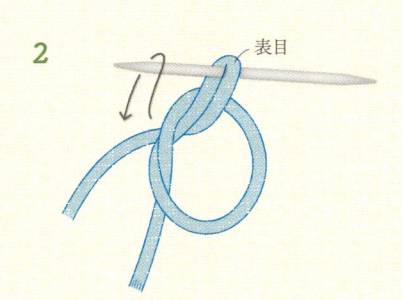

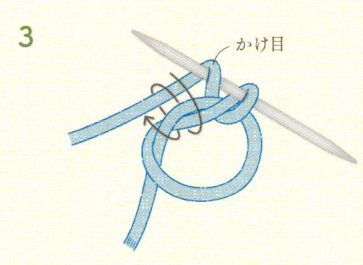

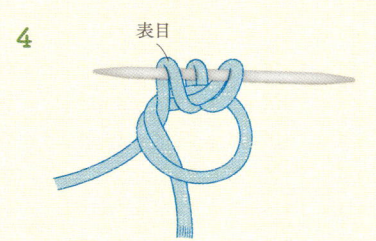

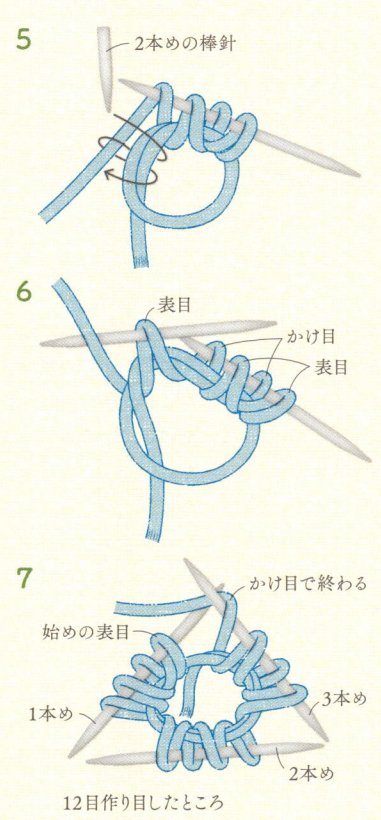

1 1本めの棒針／糸端

2 表目

3 かけ目

4 表目

5 2本めの棒針

6 表目／かけ目／表目

7 かけ目で終わる／始めの表目／1本め／2本め／3本め

12目作り目したところ

かぎ針で作る場合

輪の中から糸を引き出して作る。輪の中に必要目数を作ったら、目数を3、4つに分けて棒針に移し替えて編む。3、4段編んだら糸端を引き、輪を絞る

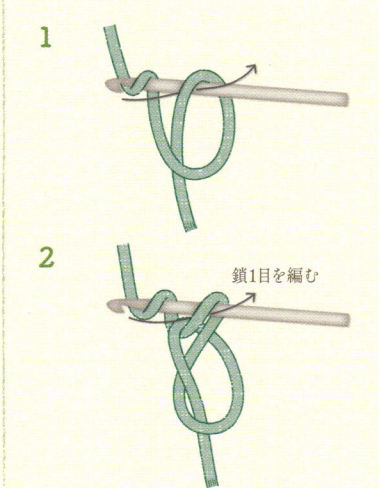

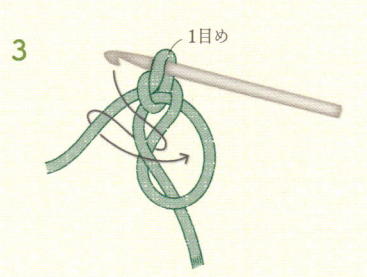

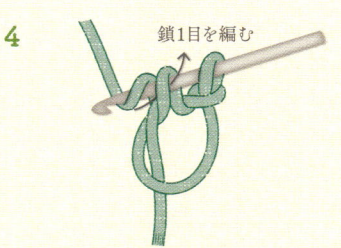

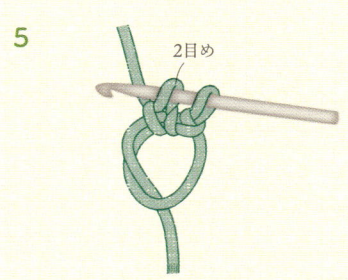

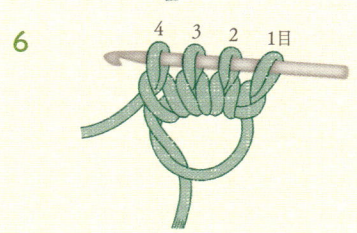

1

2 鎖1目を編む

3 1目め

4 鎖1目を編む

5 2目め

6 4 3 2 1目

3、4を繰り返して必要目数を作る

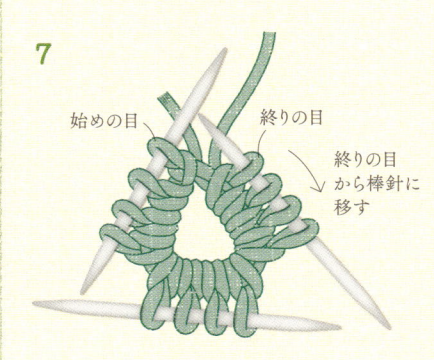

7 始めの目／終りの目／終りの目から棒針に移す

作り目の右側の糸が手前になるように、1目ずつ棒針に移し、分ける。この場合は12目を4目ずつに分けている

11

Basic Stitches ── 基本の編み方

KNIT & PURL

基本の編み方と編み目

棒針編みの基本となる編み方は「表編み」と「裏編み」で、その編み目を「表目」「裏目」といい、編み目記号で表わされます。この編み目の組合せ方により、数多くの編み地が作られます。また、この編み目は表裏をなしていて、「表目」の裏側は「裏目」、「裏目」の裏側は「表目」になります。編み方と同時に棒針の持ち方や糸のかけ方も覚えましょう。

編み目記号

| **表目（おもてめ）＝表編み**
作り目は「かぎ針で作る方法―別糸の場合」（p.8、9）

1 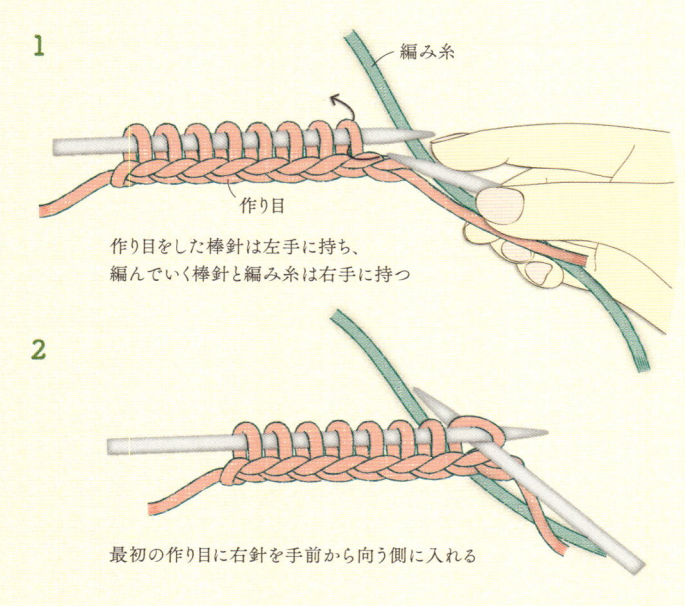
編み糸
作り目
作り目をした棒針は左手に持ち、編んでいく棒針と編み糸は右手に持つ

2
最初の作り目に右針を手前から向う側に入れる

3 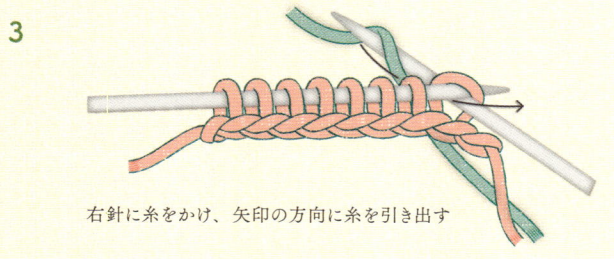
右針に糸をかけ、矢印の方向に糸を引き出す

4 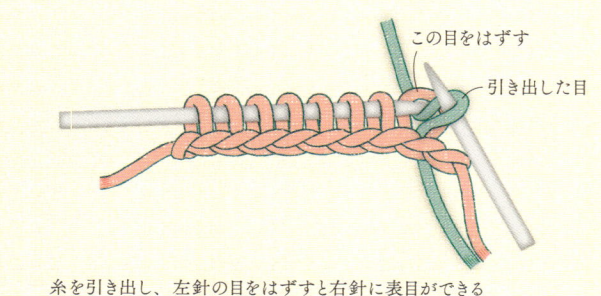
この目をはずす
引き出した目
糸を引き出し、左針の目をはずすと右針に表目ができる

5
表目1目
はずした作り目

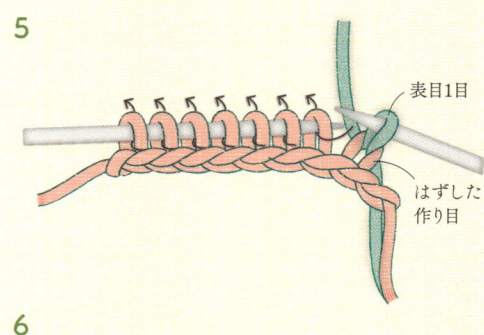

6 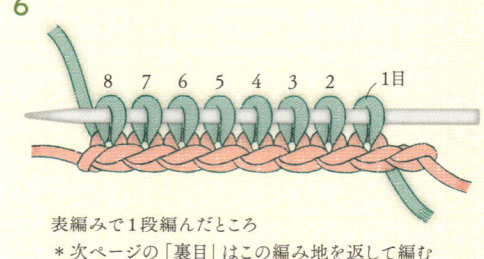
8 7 6 5 4 3 2 1目
表編みで1段編んだところ
＊次ページの「裏目」はこの編み地を返して編む

糸のかけ方を間違えると……

できた目の糸のかかり方が逆になる

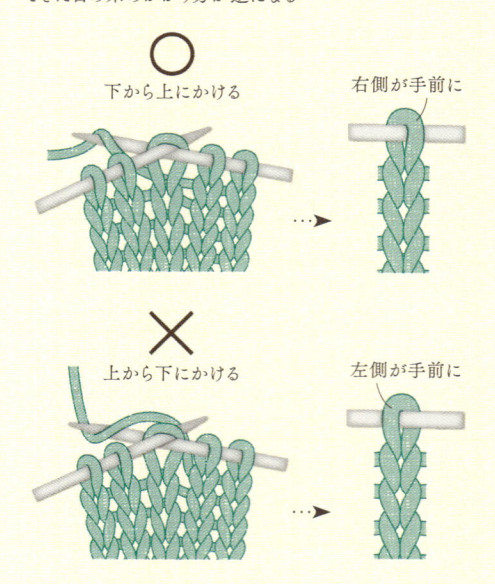

○ 下から上にかける　　右側が手前に

× 上から下にかける　　左側が手前に

編み目記号

― 裏目（うらめ）＝裏編み

1 前ページの編み地を返して左手に持ち、編み糸は棒針の手前側にする。右針を最初の目に向う側から手前に入れる

2

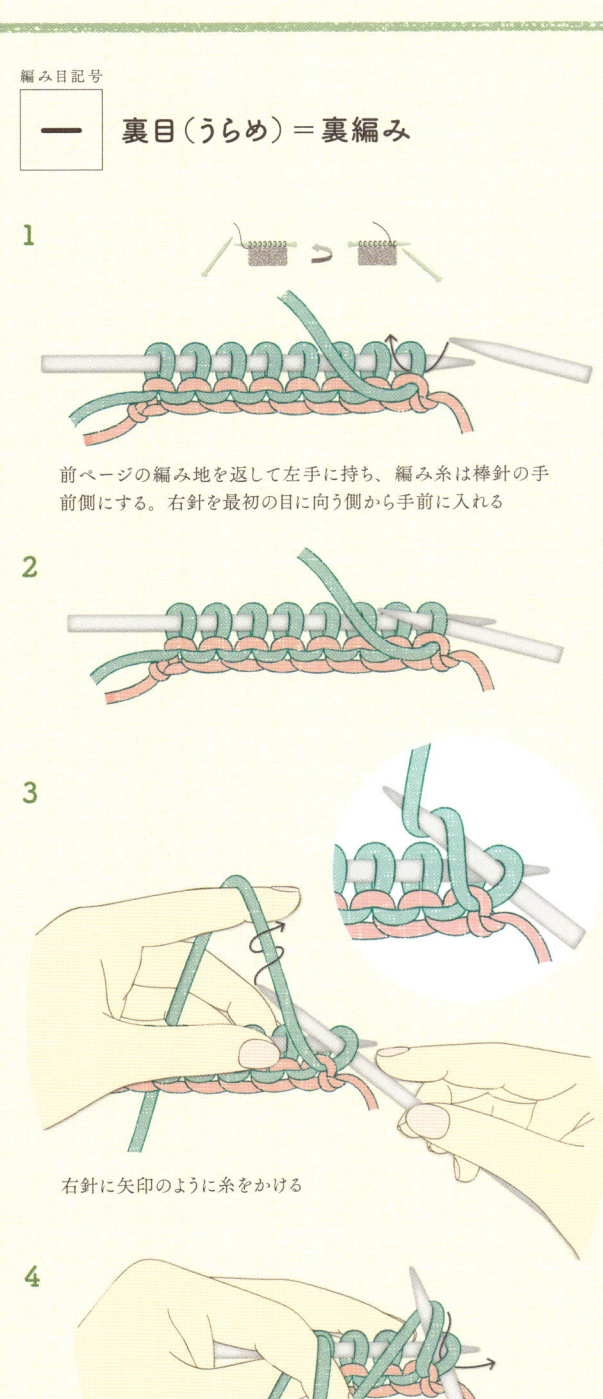

3 右針に矢印のように糸をかける

4 左手の人さし指で糸を下に引き、右針にかかった糸がゆるまないようにして、その糸を最初の目の中から向う側に引き出す

5 この目をはずす／引き出した目
糸を引き出したら、左針の目をはずす

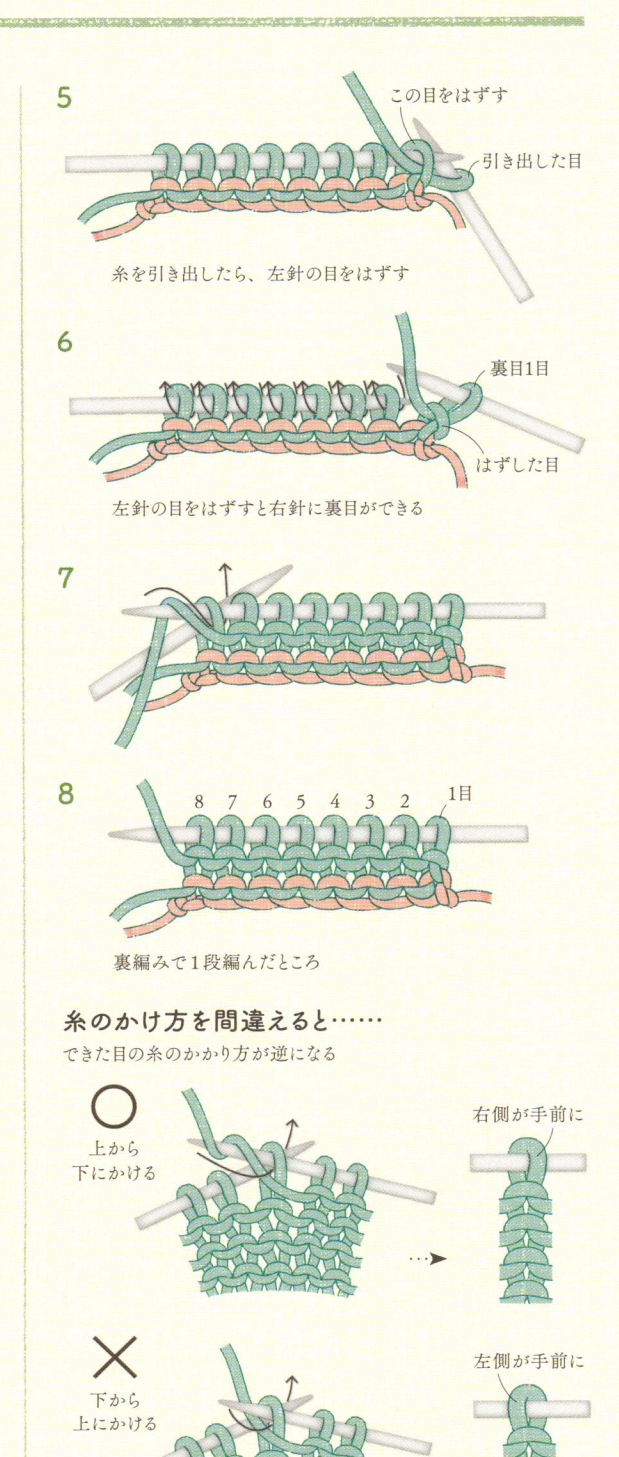

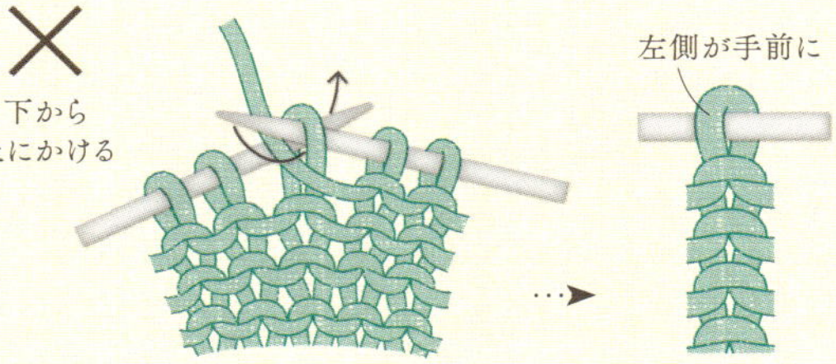

6 裏目1目／はずした目
左針の目をはずすと右針に裏目ができる

7

8 8 7 6 5 4 3 2 1目
裏編みで1段編んだところ

糸のかけ方を間違えると……
できた目の糸のかかり方が逆になる

○ 上から下にかける → 右側が手前に

× 下から上にかける → 左側が手前に

13

Basic Stitches ―― 基本の編み方

BASIC STITCH PATTERNS

表目と裏目でできる基本の編み地

基本の編み目「表目」と「裏目」の組合せによってメリヤス編み、ガーター編み、ゴム編みという基本の編み地が作られます。
編み方は記号図で表わされるので、その見方も覚えましょう。

● 記号図の見方

記号図は、でき上がった編み地の表から見た編み目の状態を表わしています。
例えば、最も基本的なメリヤス編みを往復編み(平編み)で編むときの記号図を見てみましょう。
注：往復編みとは、毎段編み地を表、裏と交互に持ち替えて編むこと。

表から見た記号図　　編むときの記号図

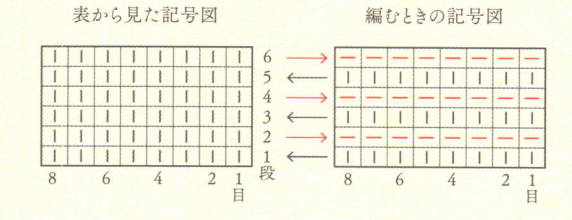

左の2つの図から、表を見て編む段(1、3、5段)では記号と同じ編み目(表目)を編み、裏を見て編む段(2、4、6段)では、反対の編み目(裏目)を編みます。

● メリヤス編み

往復編みでは、表目と裏目を1段ずつ交互に編み、輪編み(p.10参照)では表目だけを繰り返します。
編み地の表裏ははっきりと区別でき、表目の面を「メリヤス編み」、裏目の面を「裏メリヤス編み」とも呼びます。編み端は丸まります。

メリヤス編み　　裏メリヤス編み

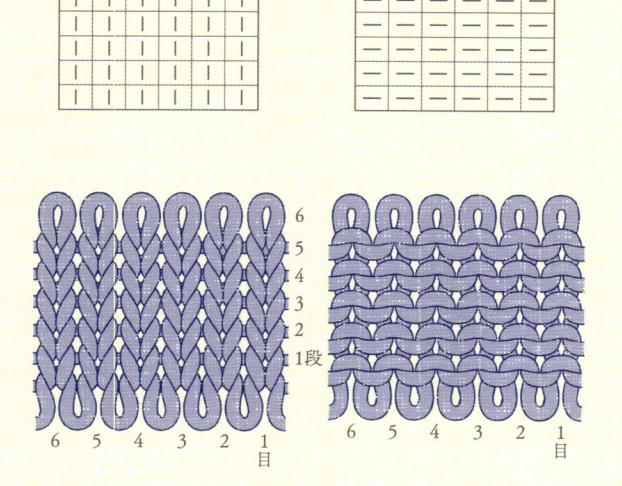

1 上の記号図を見ながら編む

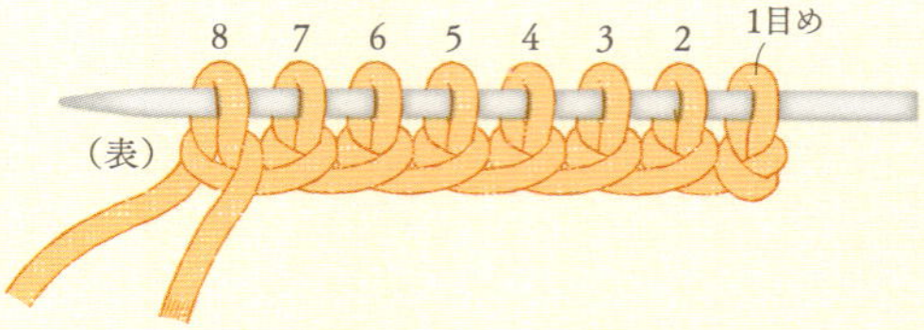

(表)

作り目は「指に糸をかけて作る方法」(p.6参照)の場合で、作り目が1段めとなる

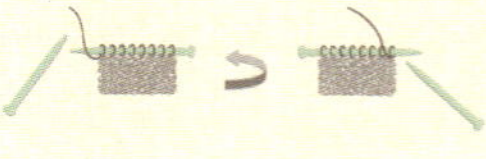

2 2段め

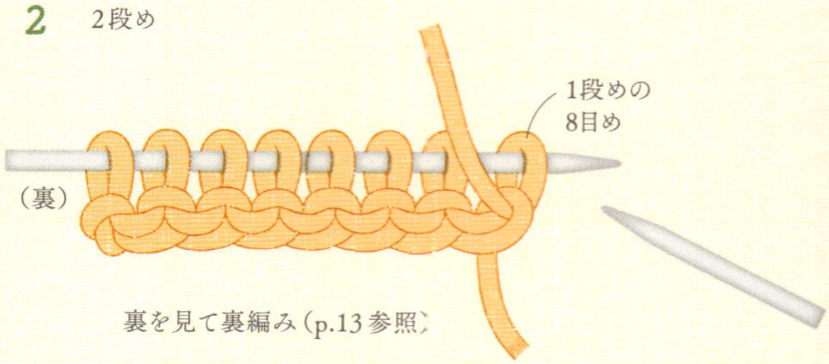

1段めの8目め

(裏)

裏を見て裏編み(p.13参照)

＊編み地は1つ1つの小さな編み目の集合体で、その大きさは1目1段で表わされる

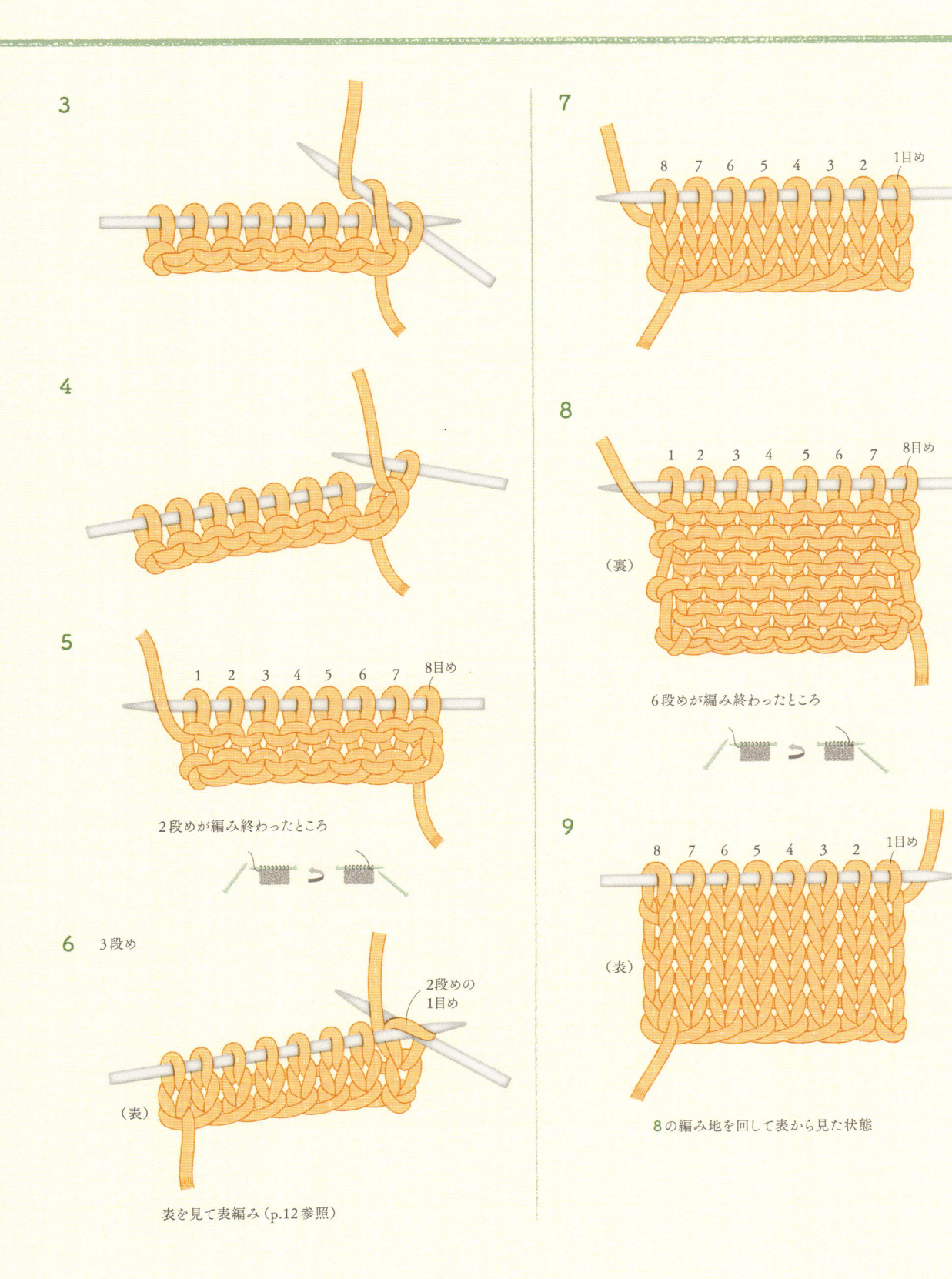

3

4

5

1 2 3 4 5 6 7 8目め

2段めが編み終わったところ

6 3段め

2段めの
1目め

（表）

表を見て表編み（p.12参照）

7

8 7 6 5 4 3 2 1目め

8

1 2 3 4 5 6 7 8目め

（裏）

6段めが編み終わったところ

9

8 7 6 5 4 3 2 1目め

（表）

8の編み地を回して表から見た状態

Basic Stitches ── 基本の編み方

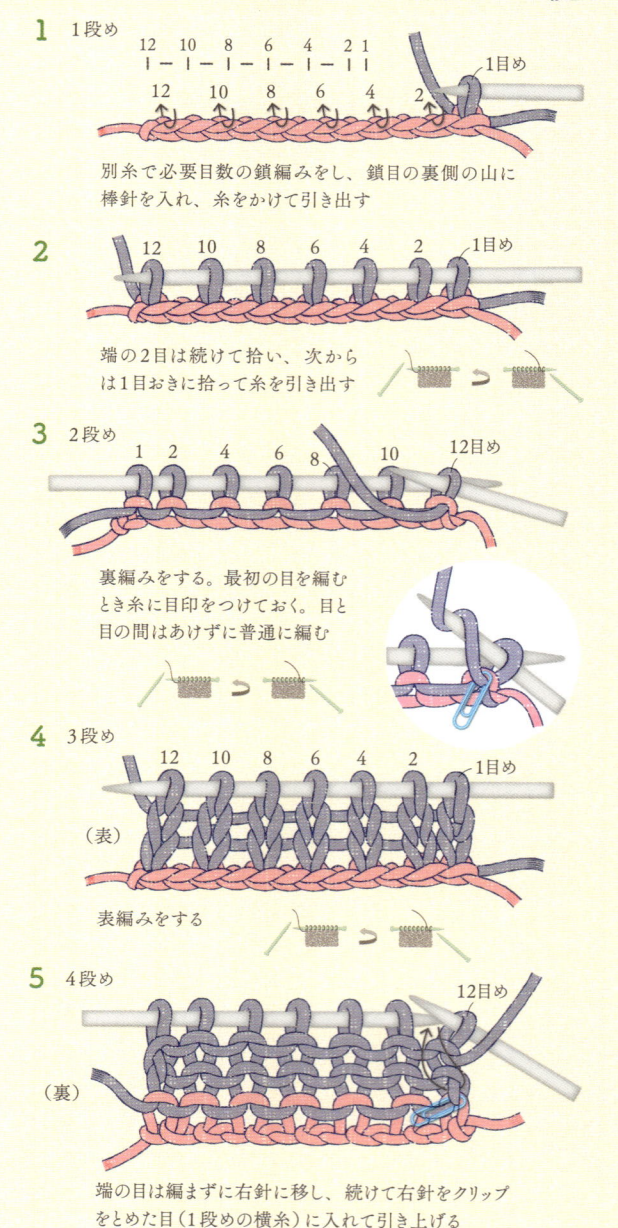

表目と裏目でできる基本の編み地

🟢 ガーター編み

表目と裏目を1段ずつ交互に組み合わせた編み地で、往復編みの場合は、毎段表編みをします。編み地の表裏は同じ表情で、編み端は丸まらないので縁編みやマフラー、衿などに適しています。

表から見た記号図　　編むときの記号図

1　1段め

作り目は「指に糸をかけて作る方法」(p.6参照)で表編み1段とみなす

2　2段め

裏を見て表編みする

3　3段め

表を見て表編みする。
2、3を繰り返す

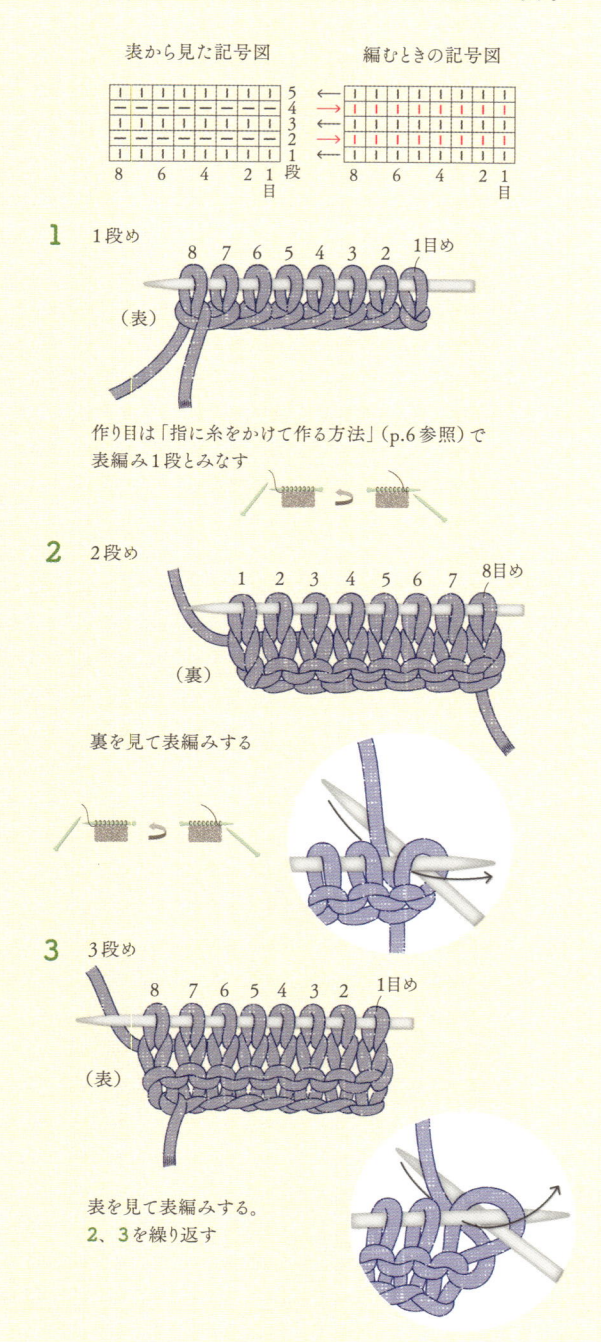

🟢 1目ゴム編み

表目と裏目を縦方向に1目ずつ交互に組み合わせた編み地。往復編みで裏を見て編むときは、表目と裏目が逆になります。編み地は横方向に伸縮し、編み端も安定するので、利用度の高い編み地です。作り目は、編始めから編み目がゴム編み目になる方法を使うと便利です。

1目ゴム編みの作り目─右端表目2目、左端表目1目の場合

1　1段め

別糸で必要目数の鎖編みをし、鎖目の裏側の山に棒針を入れ、糸をかけて引き出す

2

端の2目は続けて拾い、次からは1目おきに拾って糸を引き出す

3　2段め

裏編みをする。最初の目を編むとき糸に目印をつけておく。目と目の間はあけずに普通に編む

4　3段め

表編みをする

5　4段め

端の目は編まずに右針に移し、続けて右針をクリップをとめた目(1段めの横糸)に入れて引き上げる

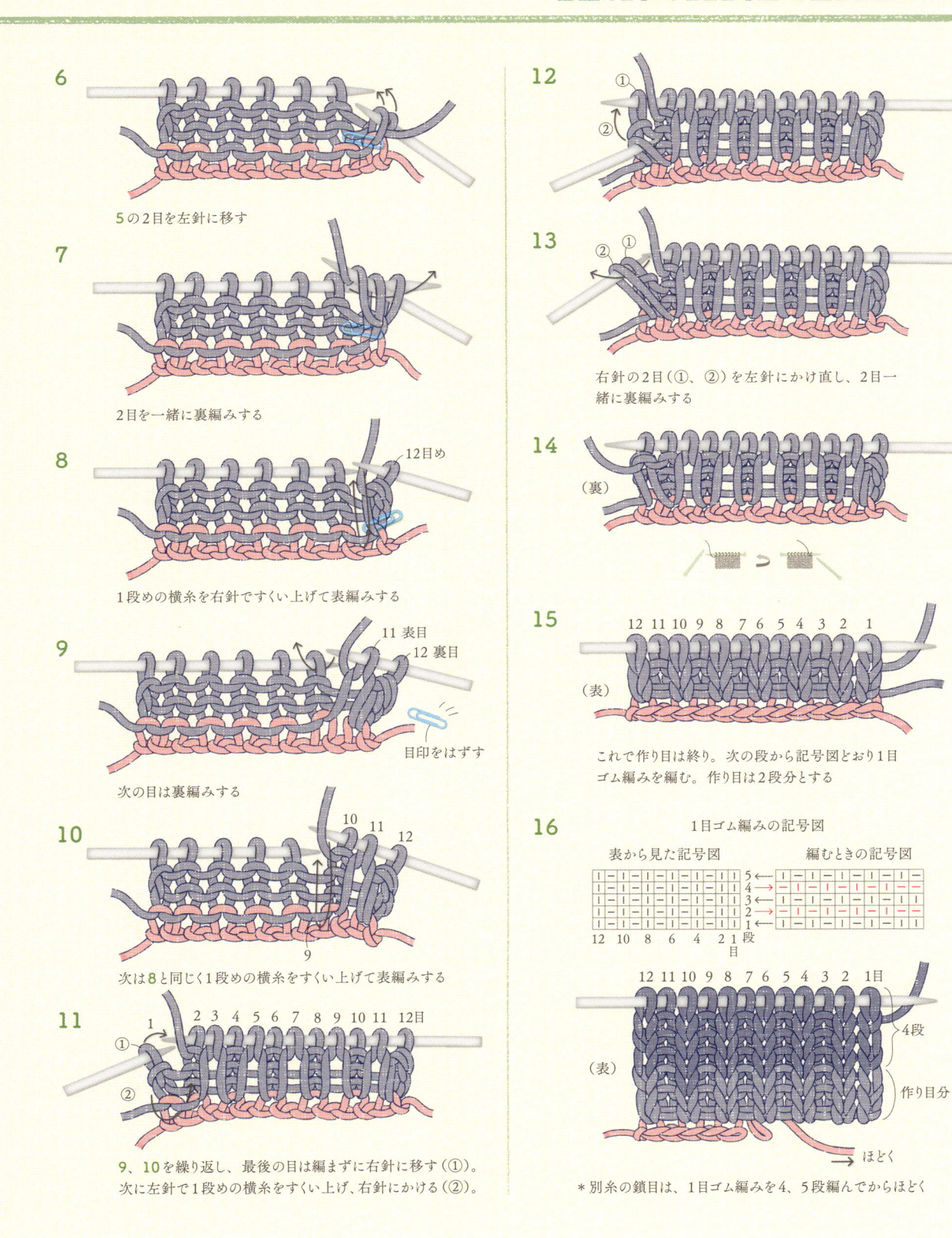

BASIC STITCH PATTERNS

6
5の2目を左針に移す

7
2目を一緒に裏編みする

8 12目め
1段めの横糸を右針ですくい上げて表編みする

9 11 表目 / 12 裏目
目印をはずす
次の目は裏編みする

10 10 11 12 / 9
次は8と同じく1段めの横糸をすくい上げて表編みする

11 1 2 3 4 5 6 7 8 9 10 11 12目
①
②
9、10を繰り返し、最後の目は編まずに右針に移す(①)。次に左針で1段めの横糸をすくい上げ、右針にかける(②)

12
①
②

13
② ①
右針の2目(①、②)を左針にかけ直し、2目一緒に裏編みする

14
(裏)

15 12 11 10 9 8 7 6 5 4 3 2 1
(表)
これで作り目は終り。次の段から記号図とおり1目ゴム編みを編む。作り目は2段分とする

16 1目ゴム編みの記号図

表から見た記号図　　編むときの記号図

12 10 8 6 4 2 1段
　　　　　　　目

12 11 10 9 8 7 6 5 4 3 2 1目
(表)
4段
作り目分
ほどく

＊別糸の鎖目は、1目ゴム編みを4、5段編んでからほどく

17

Basic Stitches —— 基本の編み方

BASIC STITCH PATTERNS

表目と裏目でできる基本の編み地

● 2目ゴム編み

表目と裏目を縦方向に2目ずつ交互に組み合わせた編み地。編み方の要領は「1目ゴム編み」(p.16参照)と同じで、作り目も編始めから編み目がゴム編み目になる方法を使うと便利です。

2目ゴム編みの作り目―両端が表目2目の場合

1 1段め

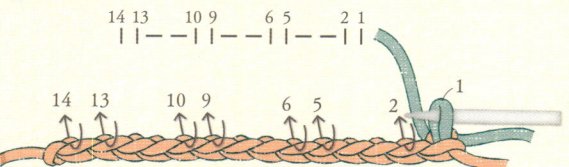

別糸で必要目数の鎖編みをし、鎖目の裏側の山に棒針を入れ、糸をかけて引き出す

2

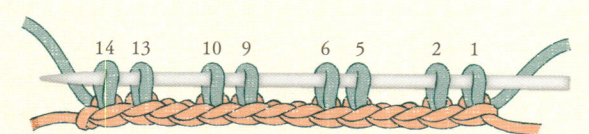

2目おきに2目ずつ拾って糸を引き出す

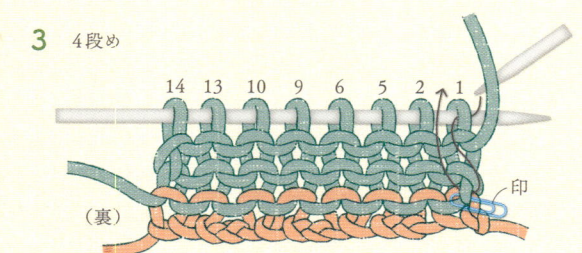

3 4段め

(裏)

メリヤス編みで3段編み、4段めは裏側に返して矢印のように針を入れ、裏編みする。1目めの裏目にクリップなどで印をつけておくと編みやすい

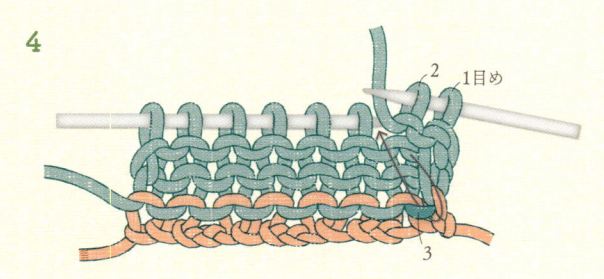

4

2目めは裏編み、3目めは1段めの横に渡った糸に針を入れて表編みする

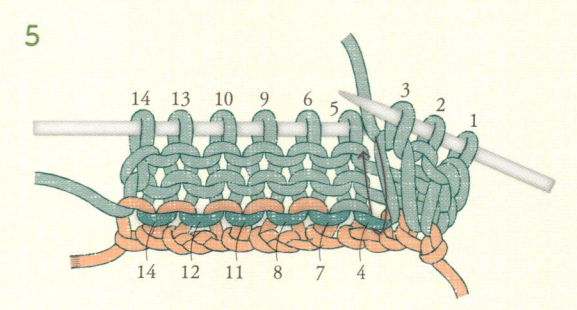

5

次の4目めも1段めの横糸をすくって表編みする

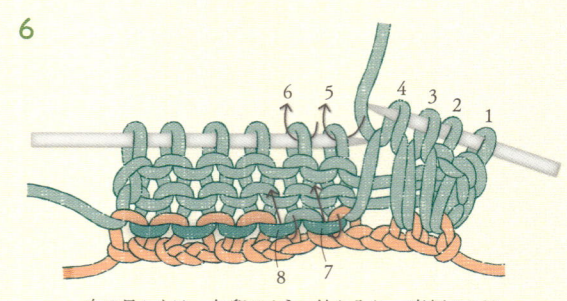

6

次の目からは、矢印のように針を入れ、裏編み2目、表編み2目編むことを繰り返す

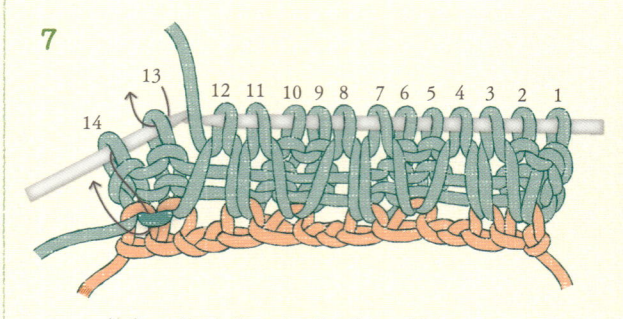

7

最後の2目は矢印のように針を入れて裏編みをする

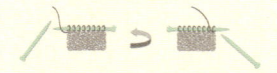

8

(表)

7を表に返した状態。これで作り目は終り、2段と数える。次の段から記号図どおり2目ゴム編みを編む

Basic Stitches ── 基本の編み方

SYMBOLCRAFT

編み目記号（JIS記号）とその編み方

編み目記号は編み目の状態を記号で表わしたもので、基本となる編み目の「表目」や「裏目」をはじめ、編み地にバリエーションをつける編み目がいろいろあります。ここでは、よく使われる編み目記号とその編み方を覚えましょう。

○ かけ目
編み地に穴をあけるテクニック。透し模様やボタン穴をあけるときに使う

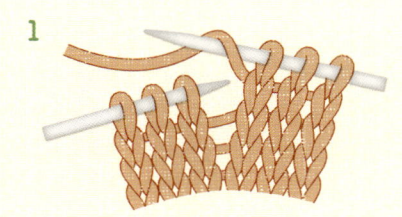

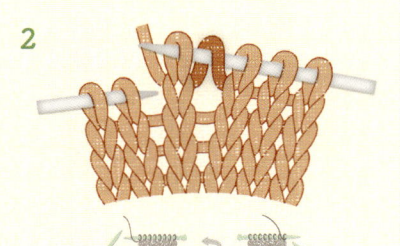

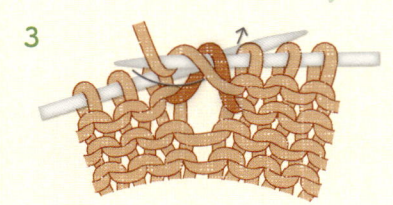

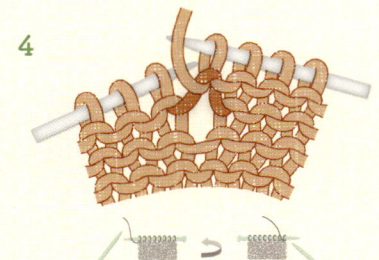

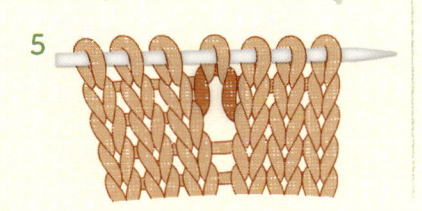

1
2
3
4
5

ℓ ねじり目
編み目をひとねじりするテクニック。模様編みや増し目などをするときに使う

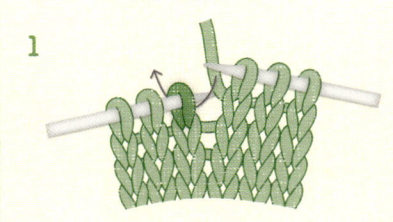

1 右針を向う側から目をねじるように入れる

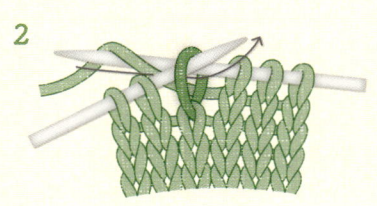

2 糸をかけて手前に引き出す

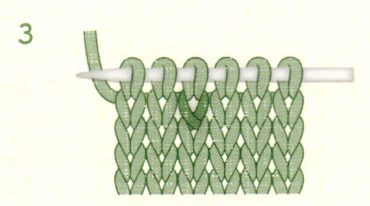

3 ねじり目の出来上り

記号の編み目は、下の段にできる！

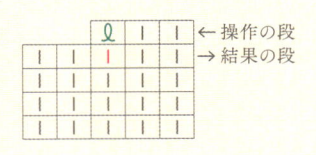

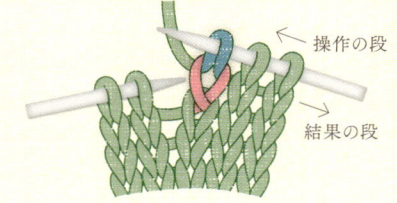

← 操作の段
→ 結果の段

← 操作の段
→ 結果の段

∨ すべり目
編み目を編まずに、そのまま右針に移すだけのテクニック

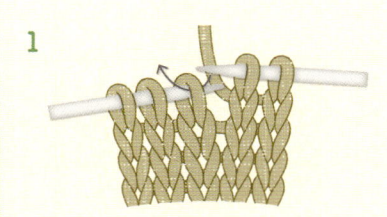

1 糸を向う側におき、右針を向う側から入れ、編まずに移す

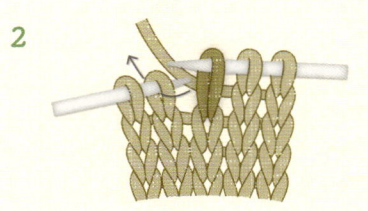

2 次の目は表編みする。移した目の裏側に糸が渡る

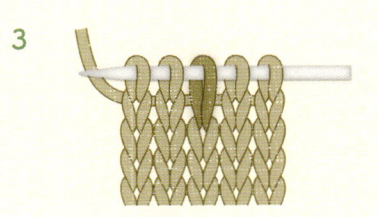

3 次の段は編み地を返し、普通に裏編みする

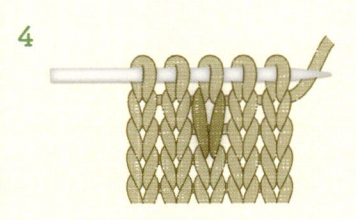

4 すべり目の出来上り

19

Basic Stitches ── 基本の編み方

編み目記号（JIS記号）とその編み方

⋏ 右上2目一度
表目で1目減らすテクニック

1　1の目に手前から右針を入れ、編まずに右針に移す

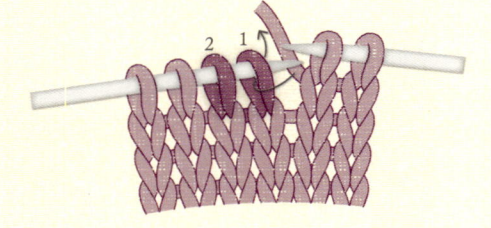

2　2の目を表編みする

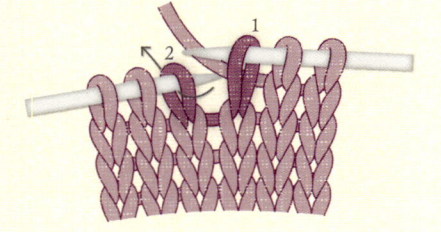

3　1の目に左針を入れる

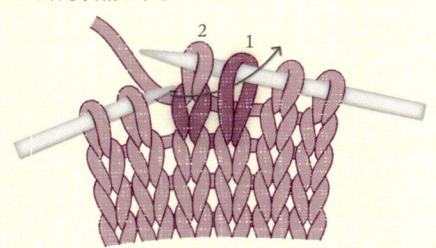

4　1の目を2の目にかぶせる

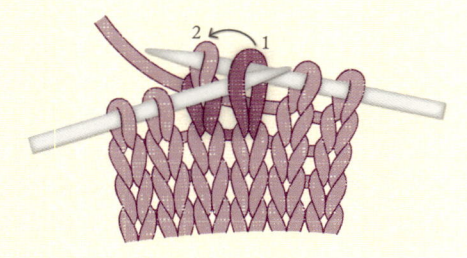

5　右側の1の目が2の目の上に重なり、1目減る

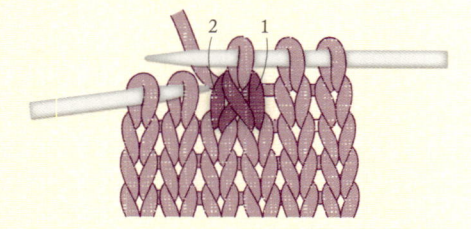

⋀ 裏目の右上2目一度
裏目で1目減らすテクニック

1　1、2の2目に矢印のように右針を入れて目を移す

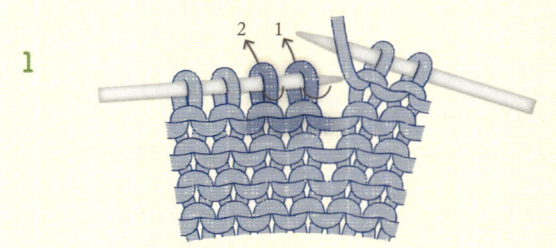

2　移した目に左針に入れ、目を左針に移し戻す

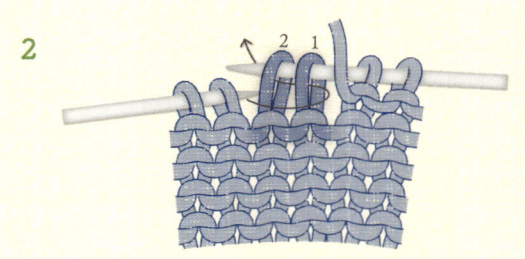

3　1、2の目が入れ替わった。この2目を一緒に裏編みする

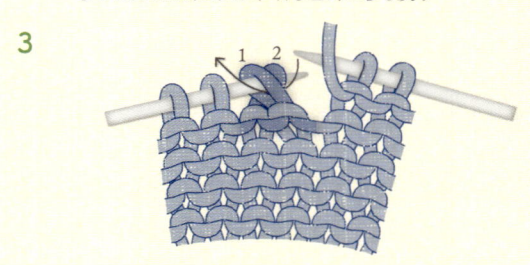

4

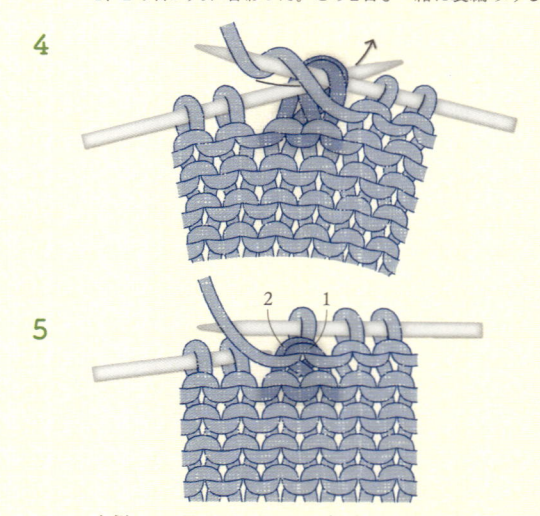

5　右側の1の目が2の目の上に重なり、1目減る

SYMBOLCRAFT

左上2目一度
表目で1目減らすテクニック

1 2の目から2目に一度に右針を入れる

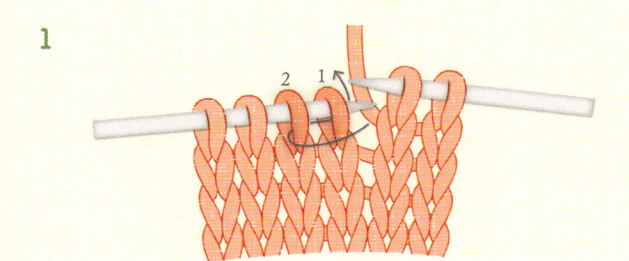

2 1、2の目を一緒に表編みする

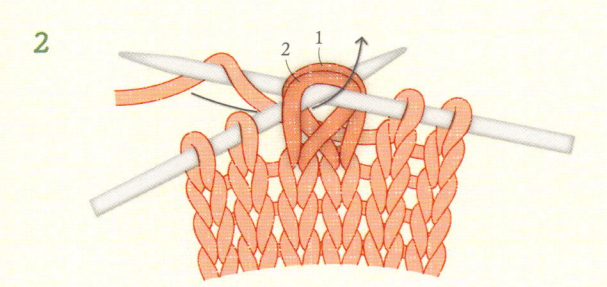

3 2目の中から糸を引き出したら、左針から2目をはずす

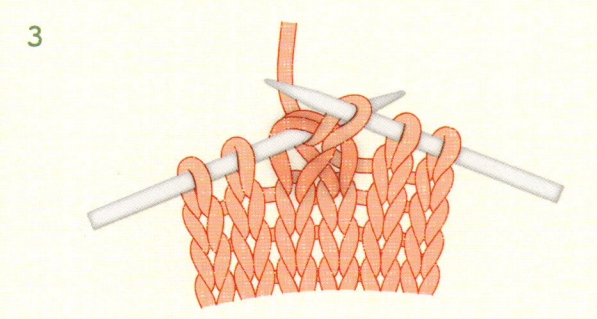

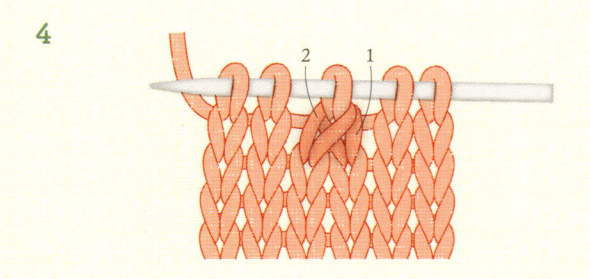

4 左側の2の目が1の目の上に重なり、1目減る

裏目の左上2目一度
裏目で1目減らすテクニック

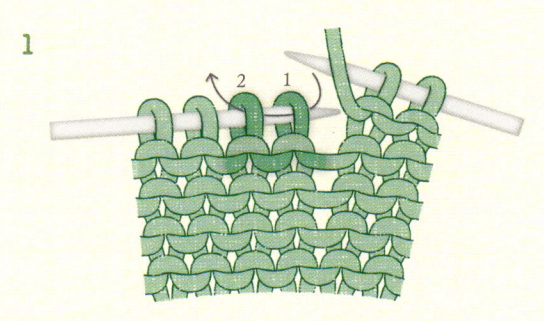

1 1、2の目に一度に右針を入れる

2 1、2の目を一緒に裏編みする

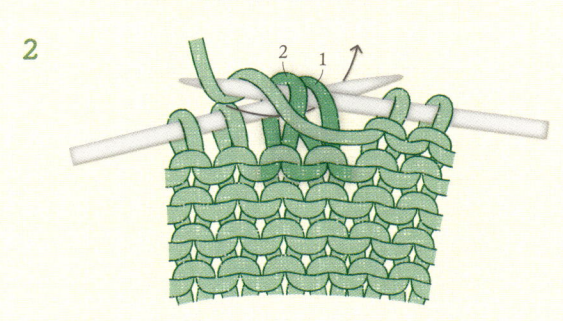

3 糸を引き出したら、左針から2目をはずす

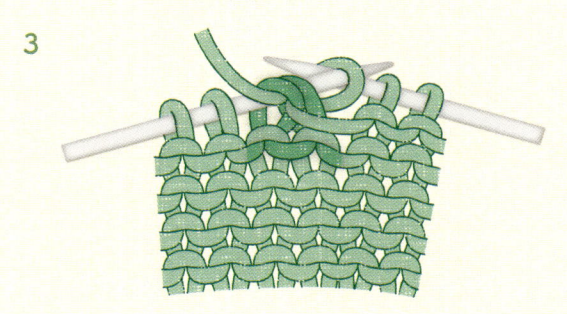

4 左側の2の目が1の目の上に重なり、1目減る

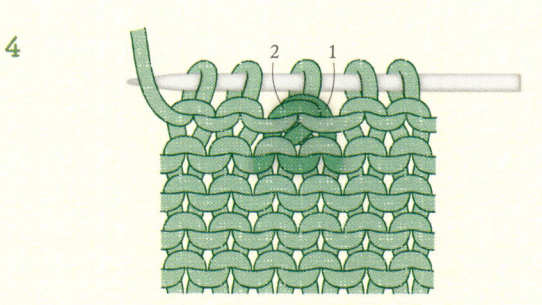

Basic Stitches — 基本の編み方

編み目記号（JIS記号）とその編み方

右上3目一度
表目で2目を減らすテクニック

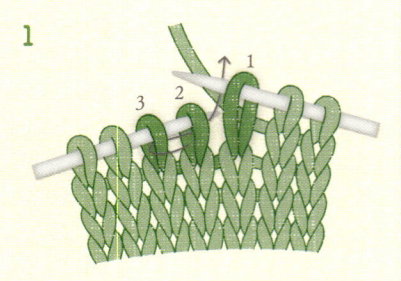

1 1の目を右針に移し、2と3の目を一緒に表編みする。3の目が2の目の上に重なる

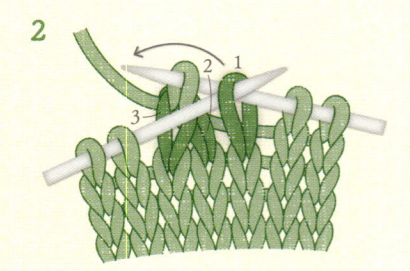

2 移しておいた1の目に左針を入れ、編んだ目にかぶせる

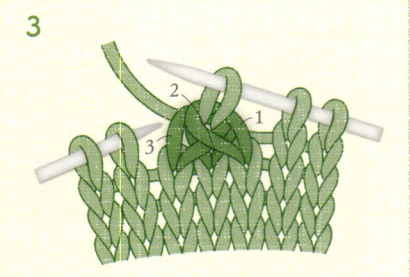

3 右側の1の目が3と2の目の上に重なり、2目減る

左上3目一度
表目で2目減らすテクニック

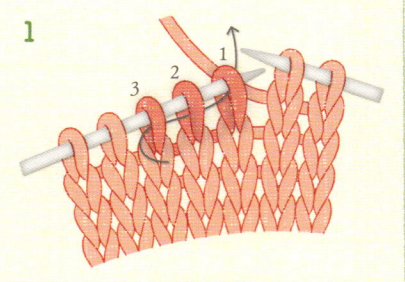

1 3、2、1の目の順に矢印のように右針を一度に入れる

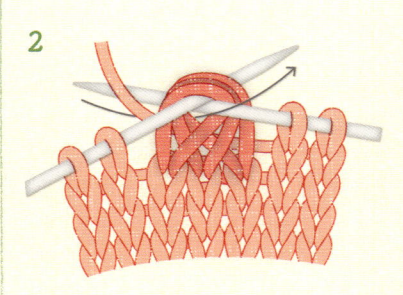

2 3目を一緒に表編みする

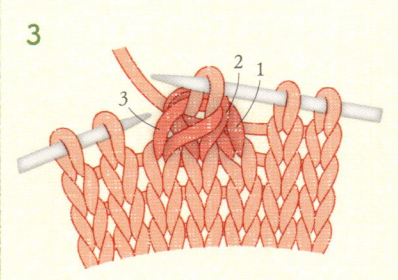

3 左側の3の目が2、1の目の上に重なり、2目減る

中上3目一度
表目で2目を減らすテクニック

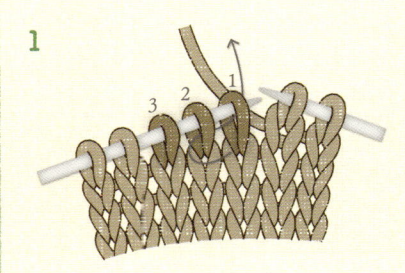

1 2、1の目に右針を矢印のように入れ、編まずに移す

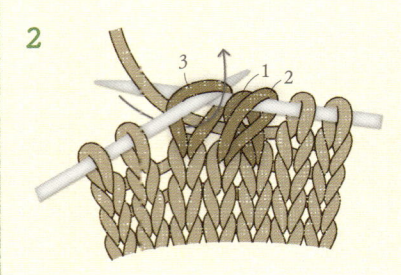

2 3の目を表編みする

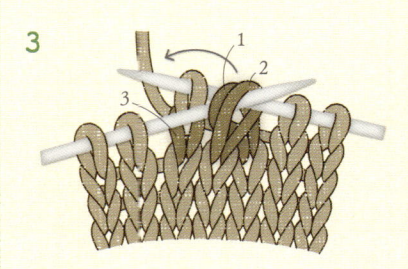

3 移した1、2の目を3の目にかぶせる

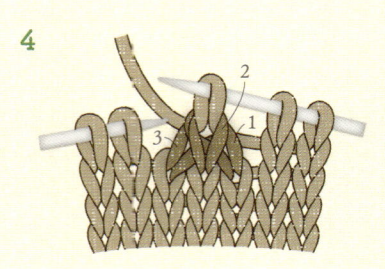

4 真ん中の2の目が上になり、左右の目が1目ずつ減る

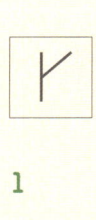

SYMBOLCRAFT

右増し目
表目の右側で増すテクニック

1 左針の1段下の目に右針を手前から入れる

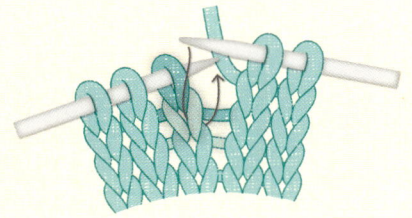

2 糸をかけて表編みする

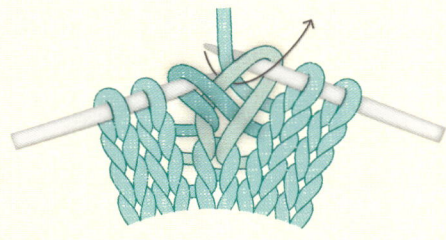

3 左針にかかっている目も表編みする

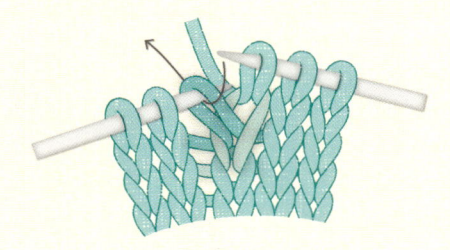

4

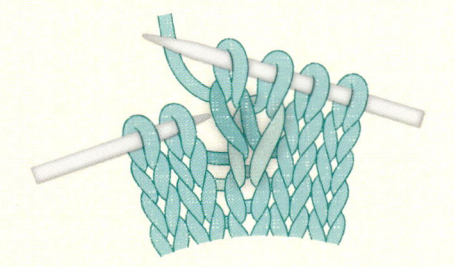

5 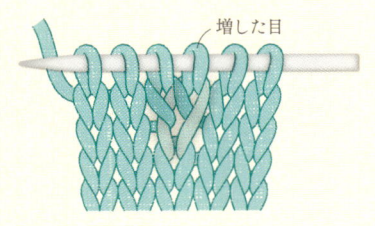 増した目
右側に表目1目増した

裏目の右増し目
裏目の右側で1目増すテクニック

1 糸を手前におき、左針の1段下の目に右針を入れる

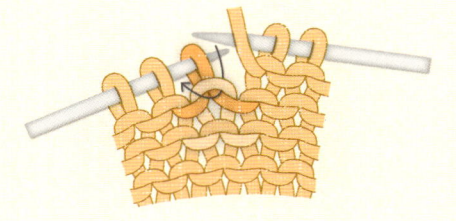

2 糸をかけて裏編みする

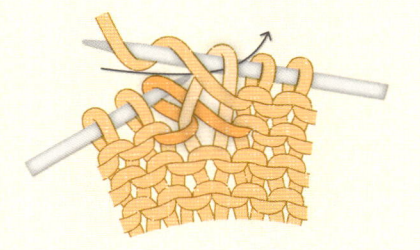

3 左針にかかっている目も裏編みする

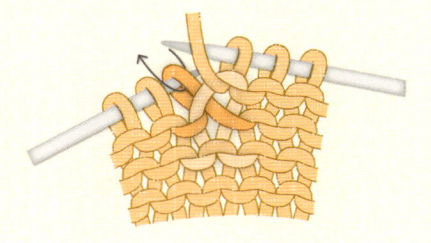

4

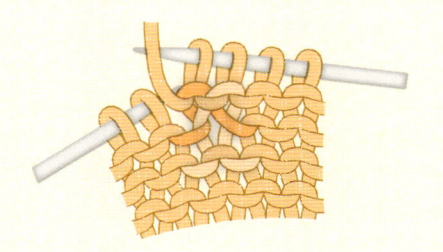

5 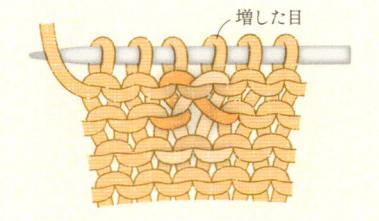 増した目
右側に裏目1目増した

23

Basic Stitches — 基本の編み方

SYMBOLCRAFT

編み目記号（JIS記号）とその編み方

左増し目
表目の左側で1目増すテクニック

1. 増す位置の目を表編みし、その目の1段下の目に左針を入れる
2. 引き上げた目を表編みする
3. 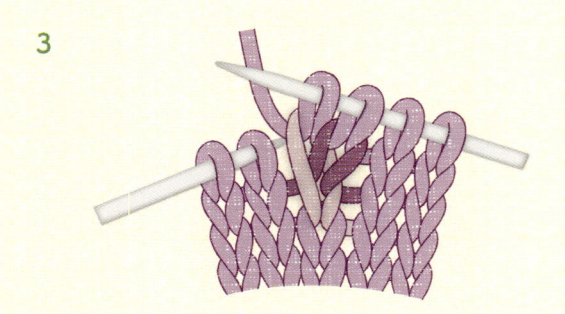
4. 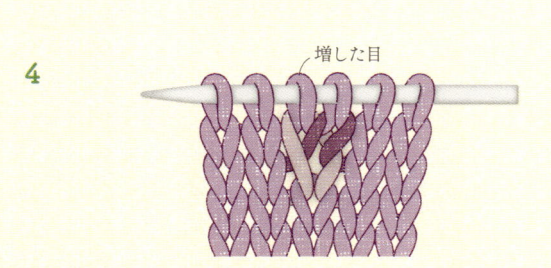 増した目 / 左側に表目1目増した

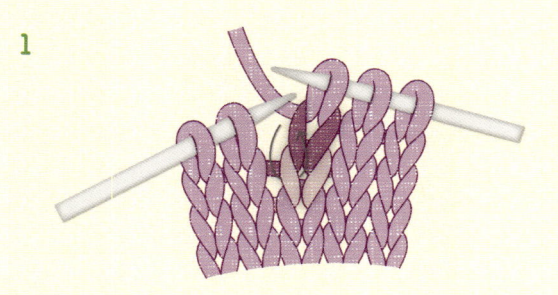

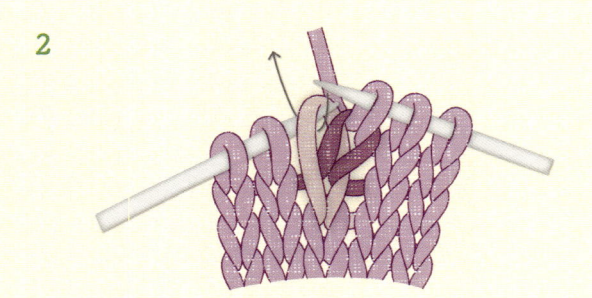

裏目の左増し目
裏目の左側で1目増すテクニック

1. 増す位置の目を裏編みし、その目の1段下の目に左針を入れる
2. 目を引き上げる
3. 引き上げた目を裏編みする
4. 
5. 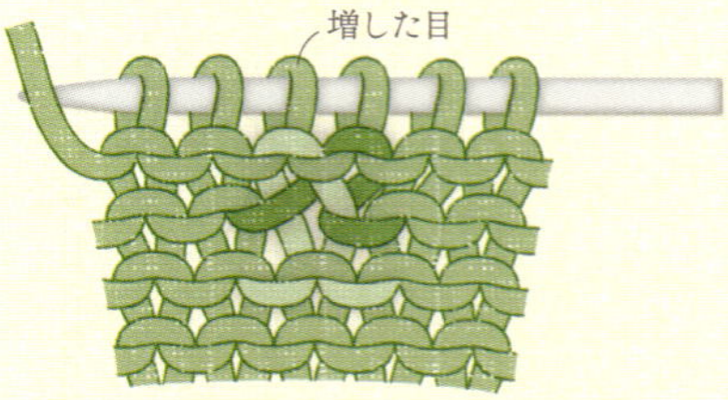 増した目 / 左側に裏目1目増した

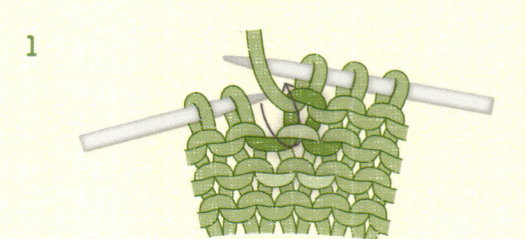

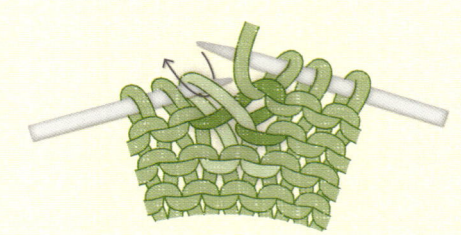

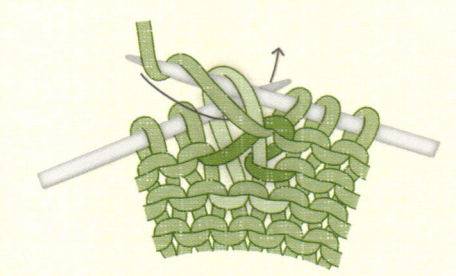

24

KNITTING BASICS

Decreases & Increases
減し目と増し目

編み目記号のページでも詳しい編み方を説明しましたが、ここからは、
端で1目減らす、端の目を立てて1目減らす、端から2目以上減らす場合、
端の目を立てて1目増す、端から2目以上増す場合を解説します。
減し目は衿ぐりや袖ぐり、袖山、増し目は袖下などに使います。
減し目と増し目を組み合わせることによって、全体の目数を変えずに、
レース編み模様を作ることもできます。

Decreases & Increases ── 減し目と増し目

DECREASES

減し目

棒針にかかっている編み目を減らすこと。減し方には1目と2目以上の場合があり、編み端で減らしたり、編み地の中間で数か所に分けて減らしたり（中間減目または分散減目）します。減し目の記号は「右上2目一度」「左上2目一度」で、詳しい編み方はp.20、21を見てください。

1目の減し目　左右同じ段で減らします。

端で減らす……端の目が上になる方法(A)と端の目が下になる方法(B)があります。

(Aの方法)　端の目が伸びるので袖ぐりや衿ぐりなどの曲線部分に適する

表目で減らす場合　右端では「右上2目一度」、左端では「左上2目一度」をする

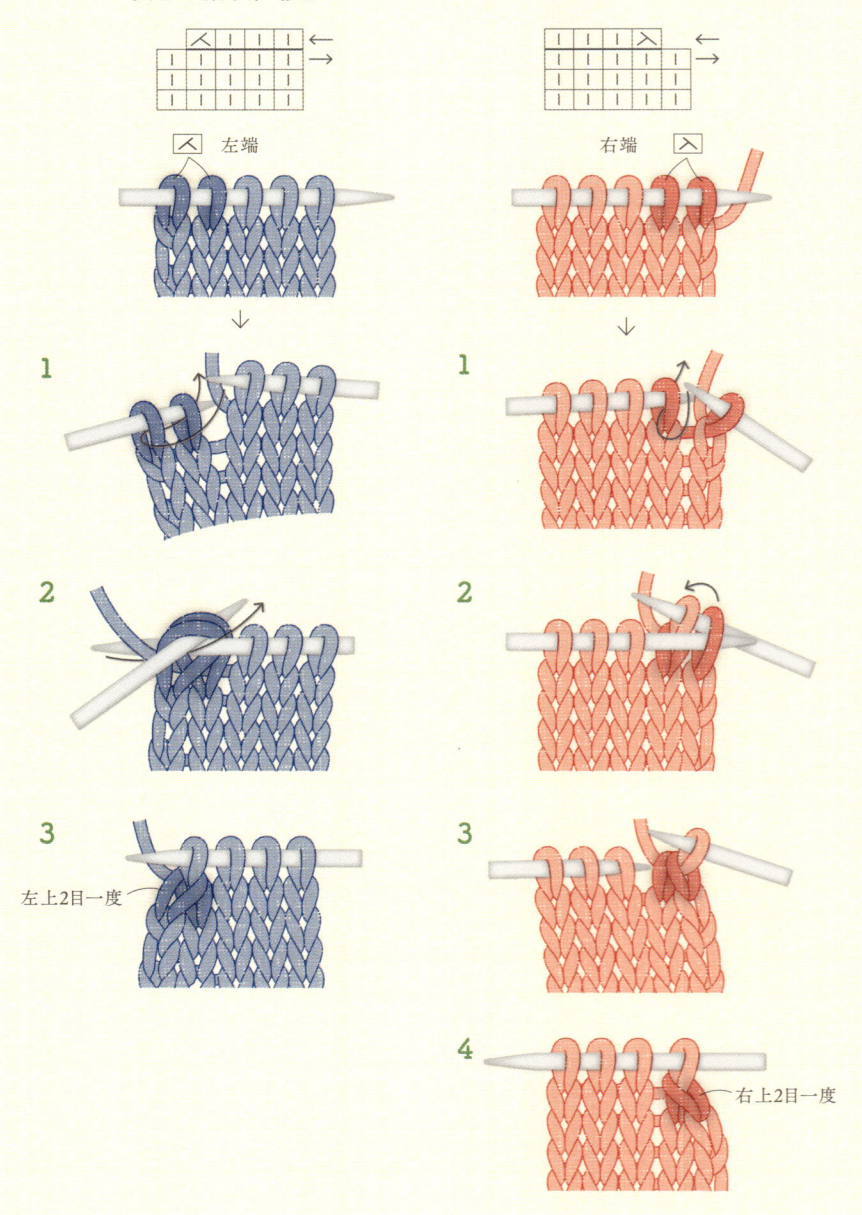

左端　　　　　　　　　右端

1

2

3　左上2目一度

4　右上2目一度

裏目で減らす場合 右端では「裏目の右上2目一度」、左端では「裏目の左上2目一度」をする

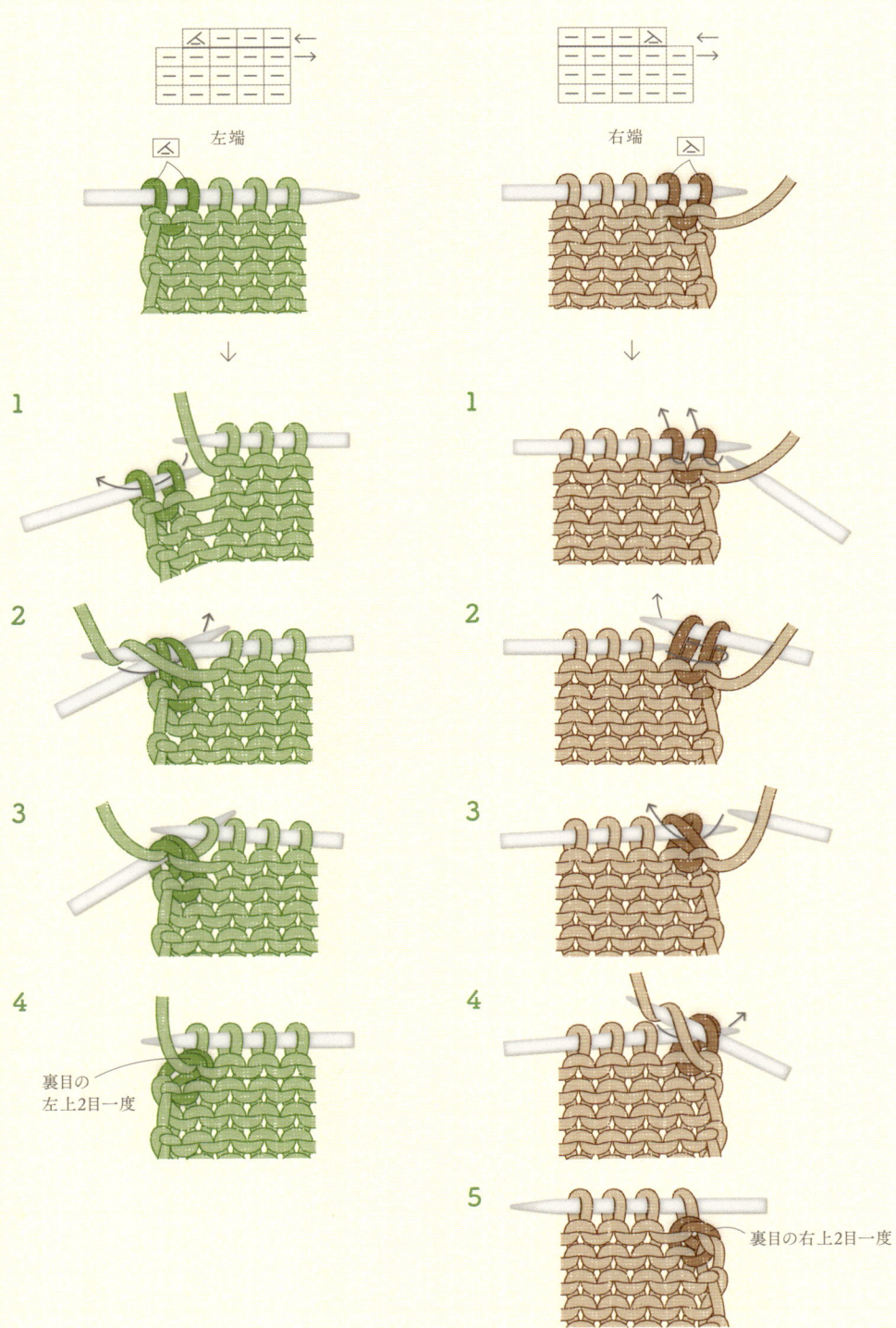

左端

右端

1

2

3

4
裏目の
左上2目一度

1

2

3

4

5
裏目の右上2目一度

Decreases & Increases —— 減し目と増し目

減し目 ● 1目の減し目

端で減らす

（Bの方法）　減らした目が目立たないので、とじやはぎ、拾い目のない部分に適する

表目で減らす場合　右端では「左上2目一度」、左端では「右上2目一度」をする

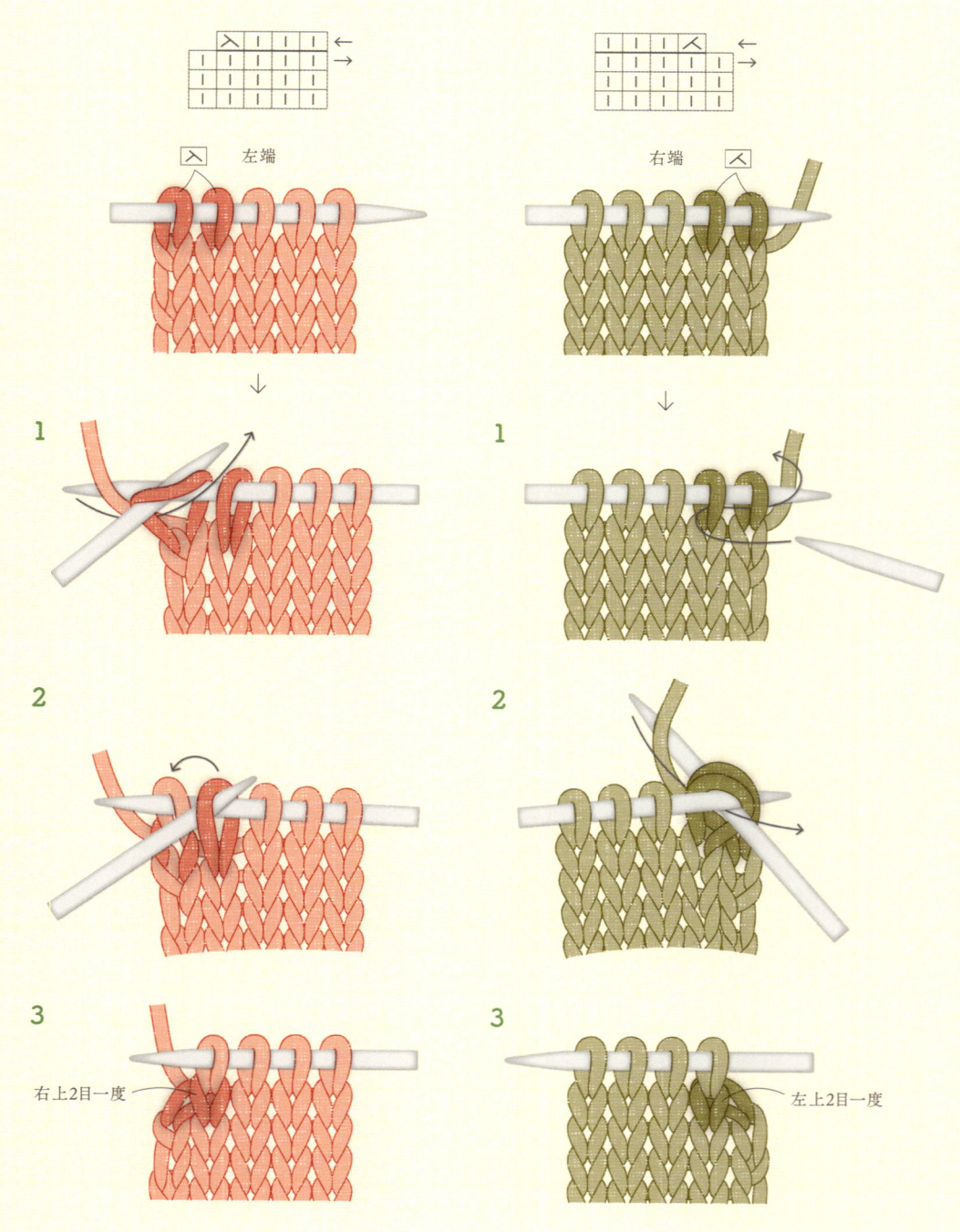

1

2

3

右上2目一度

1

2

3

左上2目一度

28

DECREASES

裏目で減らす場合　右端では「裏目の左上2目一度」、左端では「裏目の右上2目一度」をする

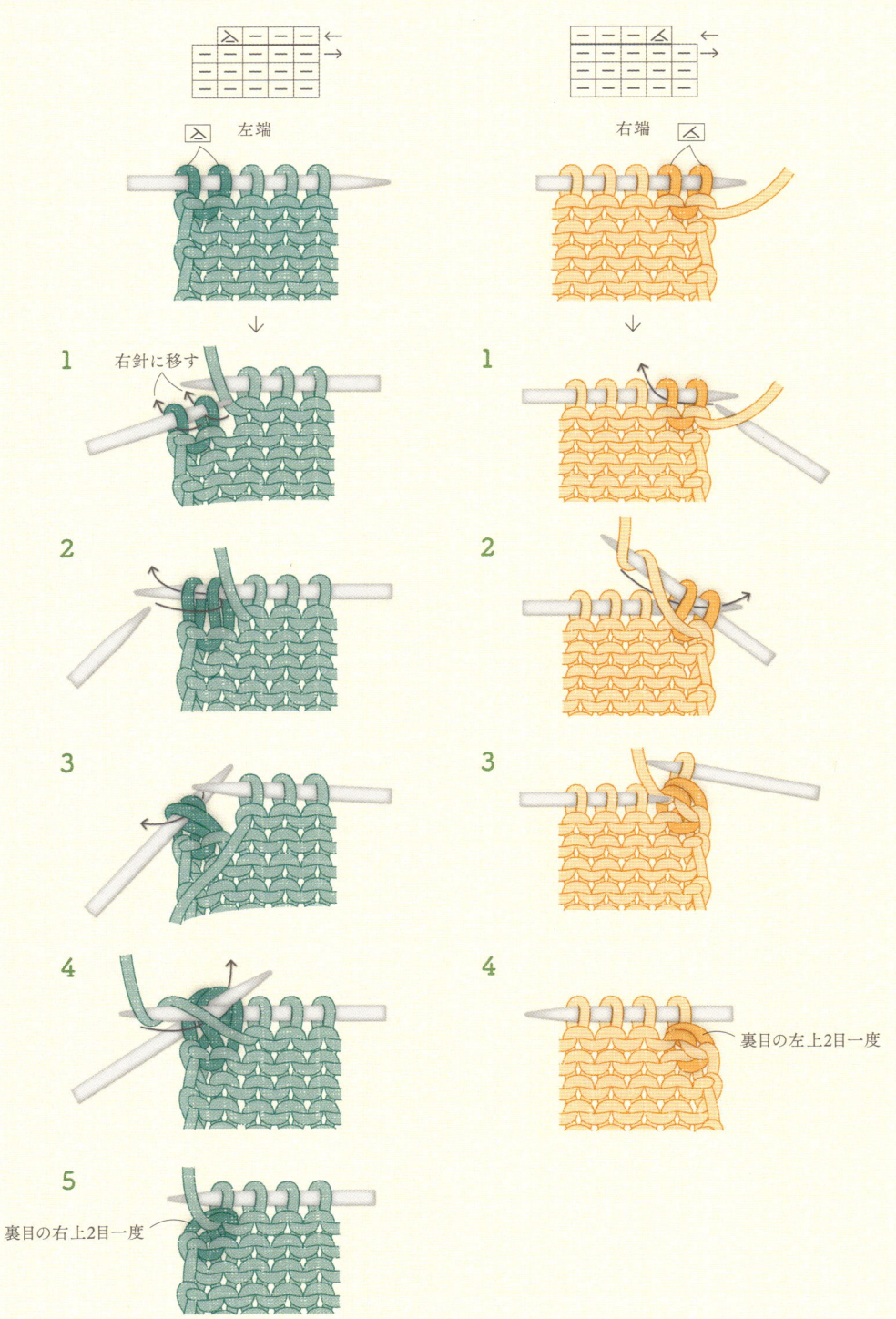

左端　　　　　　　　　　　　右端

1　右針に移す　　　　　　　　1

2　　　　　　　　　　　　　　2

3　　　　　　　　　　　　　　3

4　　　　　　　　　　　　　　4　裏目の左上2目一度

5　裏目の右上2目一度

Decreases & Increases —— 減し目と増し目

減し目● 1目の減し目

端の目を立てて減らす
……1目立て減、2目立て減、3目立て減などがあります。「目を立てる」とは、編み目をくずさないで通すこと。縁編みをするとき、この減し方にすると端の目が拾いやすいです。

1目立て減
端から2目めを減らす。端の目が伸びにくく、減し目位置も目立たない。記号図は2通りあるが、編み方は同じ。

左1目立て減　　　　　　　　右1目立て減

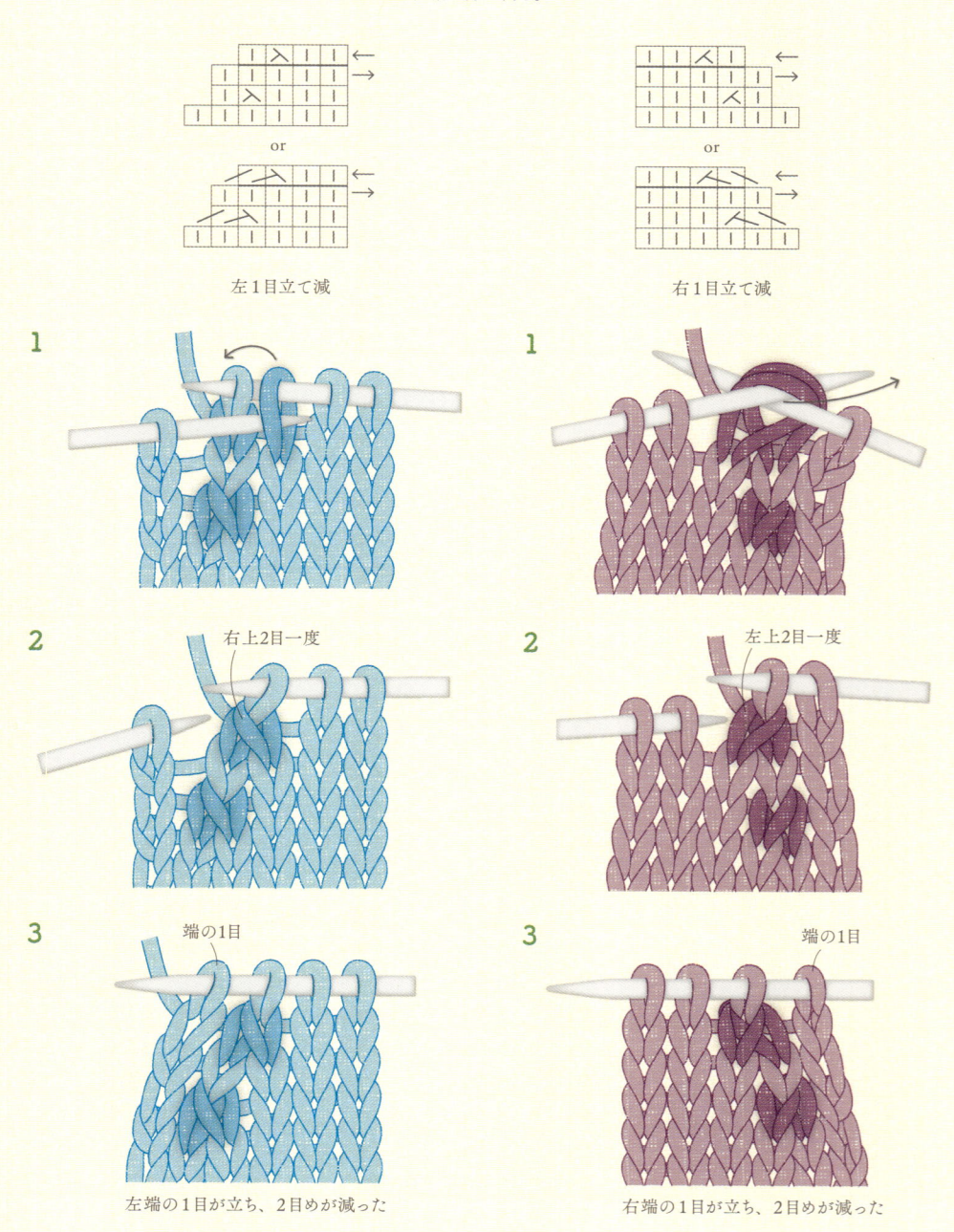

1

2　右上2目一度　　　　　　　**2**　左上2目一度

3　端の1目　　　　　　　　**3**　端の1目

左端の1目が立ち、2目めが減った　　　右端の1目が立ち、2目めが減った

30

DECREASES

2目立て減 端から2目めが3目めの上になるように2目一度の減し目をすると、端の2目が通る。記号図は2通りあるが、編み方は同じ。

左2目立て減　　　　　　　　　右2目立て減

1

2　左上2目一度　　　　　　　**2**　右上2目一度

3　端の2目　　　　　　　　　**3**　端の2目

左端の2目が立ち、3目めが減った　　右端の2目が立ち、3目めが減った

31

Decreases & Increases —— 減し目と増し目

減し目

● 2目以上の減し目

2目以上を続けて減らすことを「伏せ目」といい、袖ぐりや衿ぐり、袖山のゆるやかなカーブを作るのに使います。
この減し目は、糸のある側で操作するので、減らす段が左右で1段ずれます。

1回めの伏せ目……1回めは編み端に角を作るため、始めの1目は普通に編み、2目めにかぶせます。

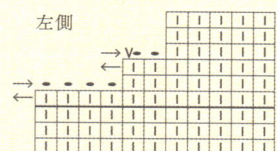

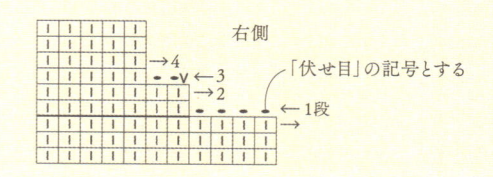

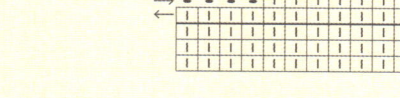

左側　　　　　　　　　　　　　　　　　　右側
「伏せ目」の記号とする

（右側の1回め） 編み地の表を見て編む　　　**（左側の1回め）** 編み地を返し、裏を見て編む

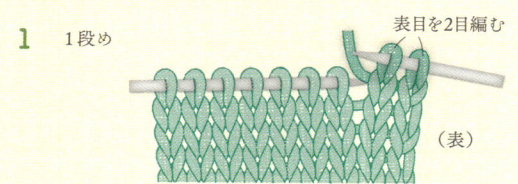

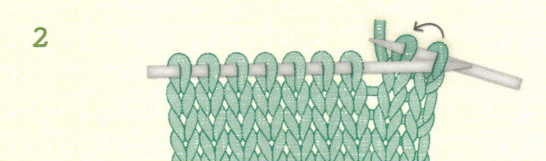

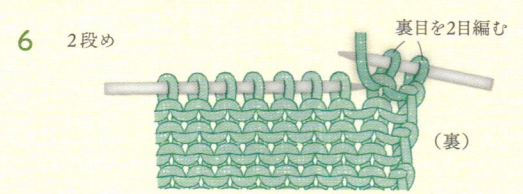

1 1段め　　表目を2目編む　　　　　　　　**6** 2段め　　裏目を2目編む
（表）　　　　　　　　　　　　　　　　　　（裏）

2　　　　　　　　　　　　　　　　　　　**7**

3　　　　　　　　　　　　　　　　　　　**8**

4　　　　　　　　　　　　　　　　　　　**9**

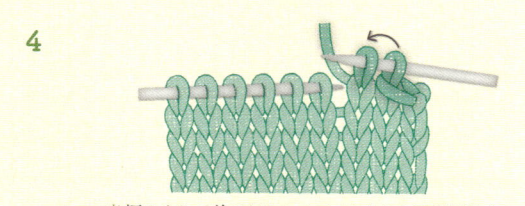

表編みをして前の目をかぶせることを3回繰り返す　　裏編みをして前の目をかぶせることを3回繰り返す

5 端の目まで編む　　　　　　　　　　　　**10**
左端　　　　　　　　　　右端　　　　　　　右端　　　　　　　　　左端
4 3 2 1目　　　　　　　　　　　　　　　　4 3 2 1目
4目伏せた　　　　　　　　　　　　　　　　4目伏せた

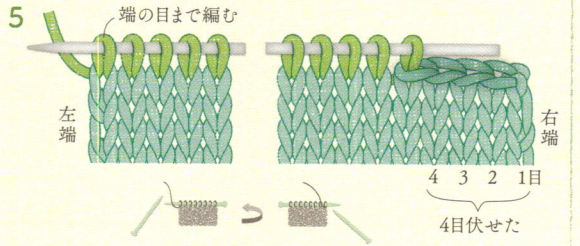

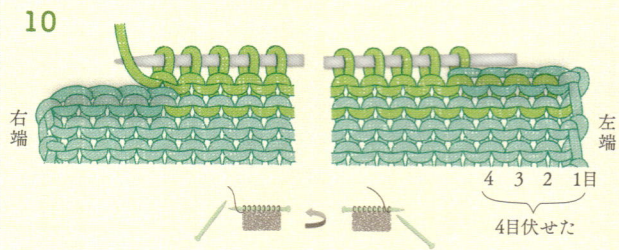

DECREASES

2回めの伏せ目 ……2回め以降は、編み端をなだらかにするため、はじめの1目は編まずに移動し、次の2目めを編み、始めの目を2目めにかぶせます。

（右側の2回め）編み地の表を見て編む

11 3段目　1目め 編まずに右針に移す　（表）

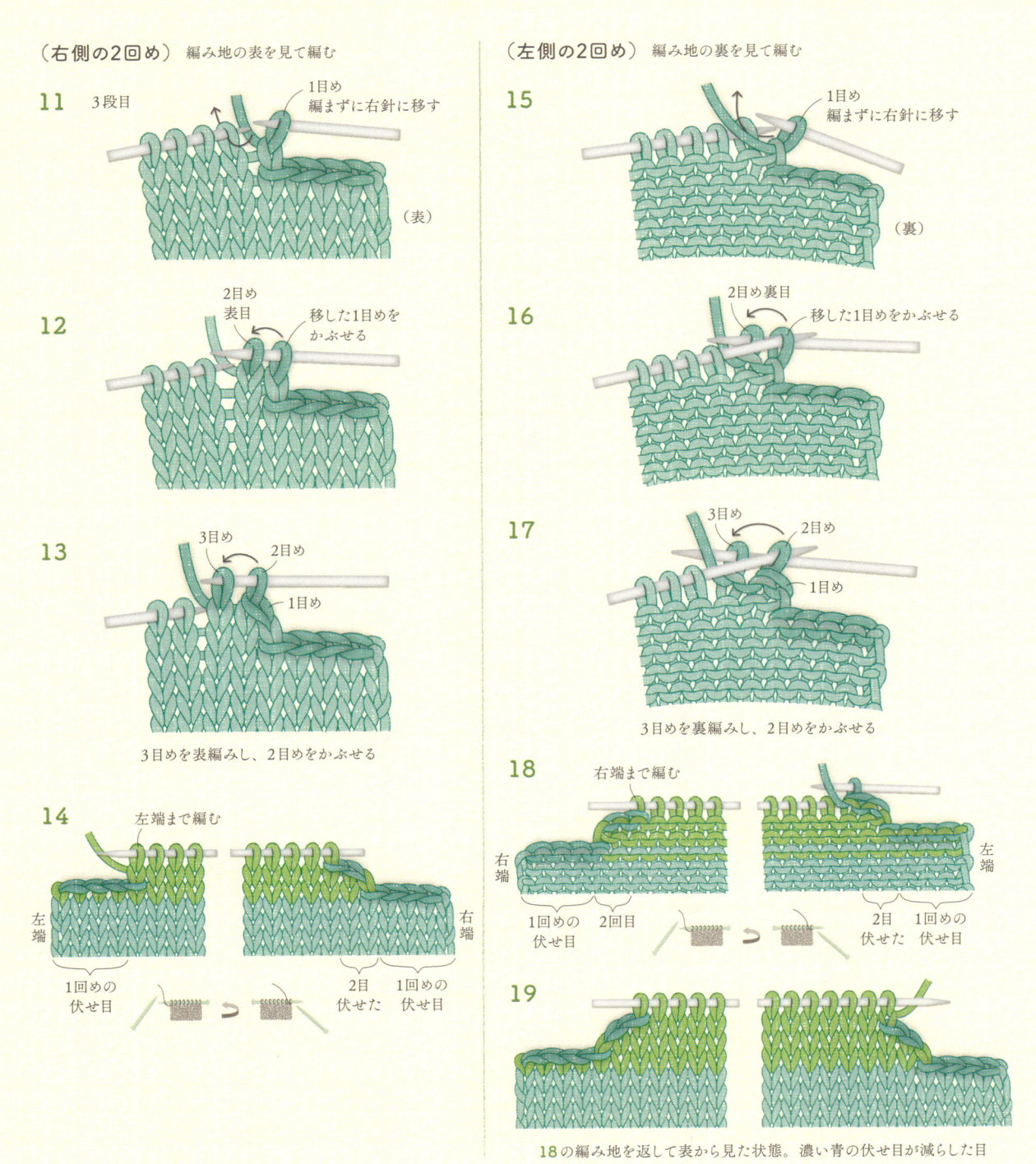

12 2目め 表目　移した1目めをかぶせる

13 3目め　2目め　1目め
3目めを表編みし、2目めをかぶせる

14 左端まで編む
左端　1回めの伏せ目　2目 伏せた　1回めの伏せ目　右端

（左側の2回め）編み地の裏を見て編む

15 1目め 編まずに右針に移す　（裏）

16 2目め裏目　移した1目めをかぶせる

17 3目め　2目め　1目め
3目めを裏編みし、2目めをかぶせる

18 右端まで編む
右端　1回めの伏せ目　2回目　2目 伏せた　2目 1回めの伏せ目　左端

19 18の編み地を返して表から見た状態。濃い青の伏せ目が減らした目

INCREASES

増し目

棒針にかかっている編み目を増やすこと。増し方には1目と2目以上の場合があり、端で増すときは端の1目は普通に編み、2目めで操作したほうが編み端が落ち着き、とじもしやすいです。

● **1目の増し目**　左右同じ段で増やします。

1目立て増し目……表目で増やす場合。端から2目めで増し目をします。増やす段と段の間があいているときに適しています。

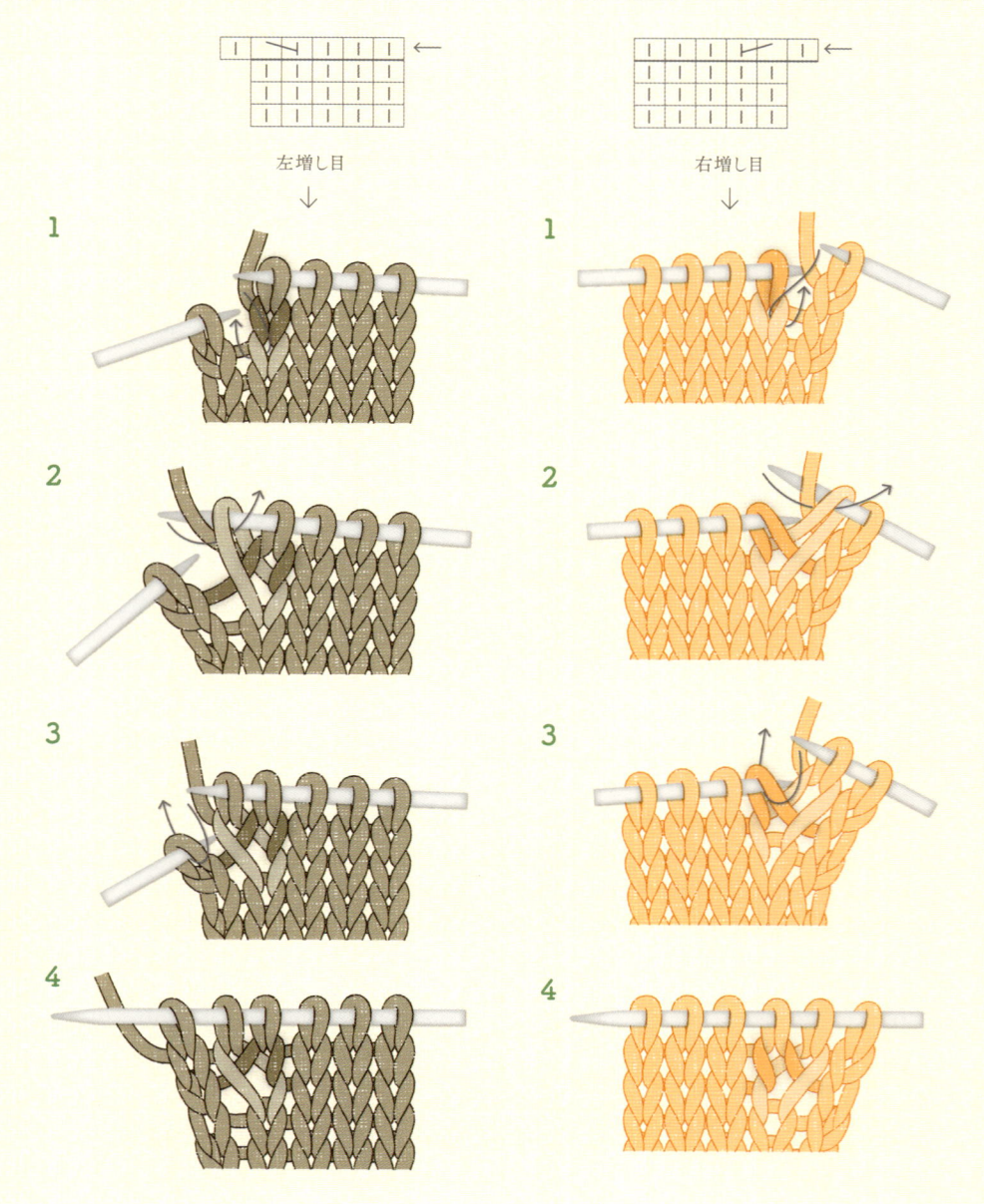

左増し目　　　　　　　　右増し目

ねじり増し目……表目で増やす場合。編み目と編み目の渡り糸をねじって増やす方法で、ねじった目は左右対称になり、細めの糸やすべりやすい糸に適しています。

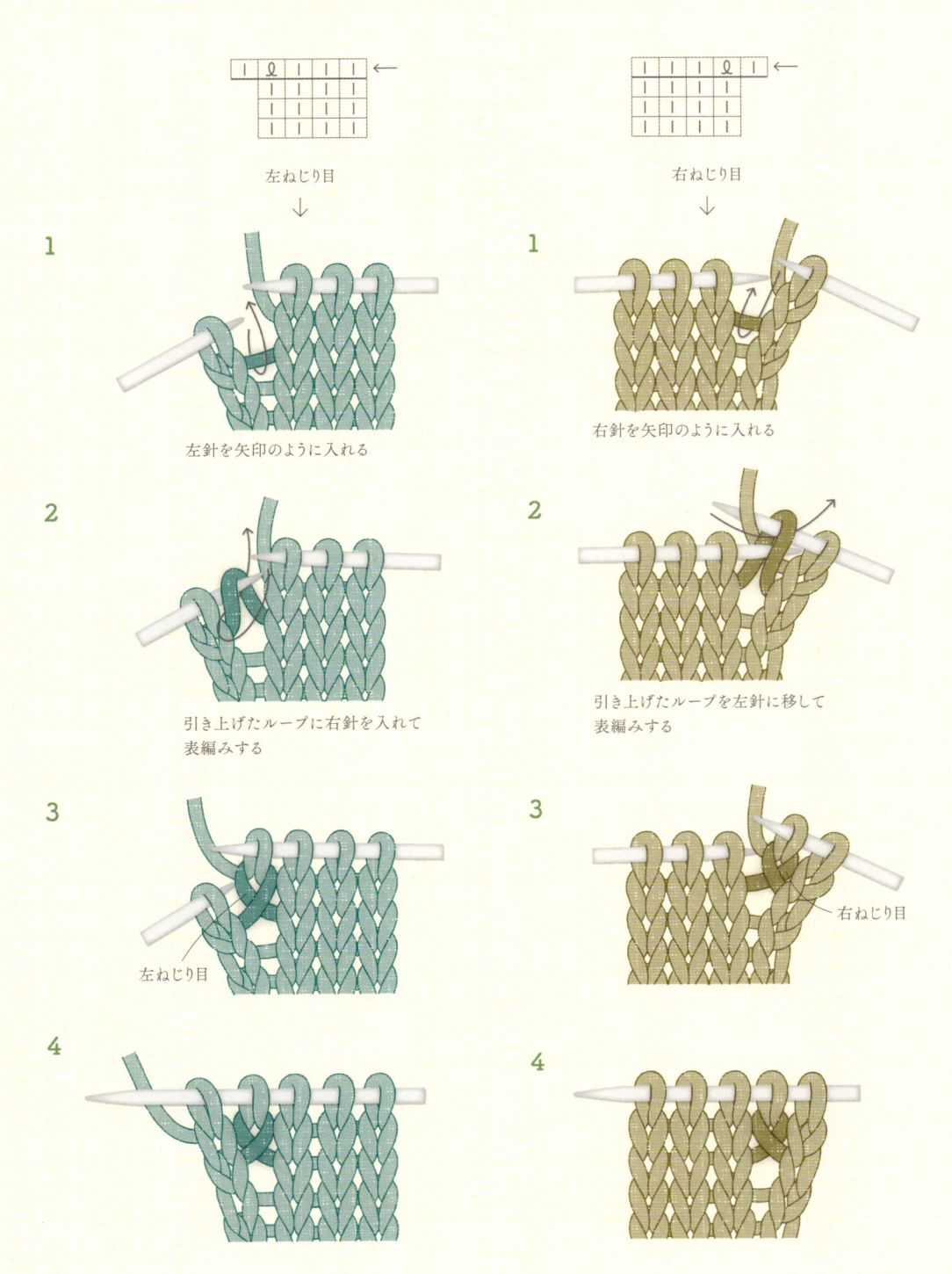

左ねじり目
↓

1 左針を矢印のように入れる

2 引き上げたループに右針を入れて表編みする

3 左ねじり目

4

右ねじり目
↓

1 右針を矢印のように入れる

2 引き上げたループを左針に移して表編みする

3 右ねじり目

4

35

Decreases & Increases —— 減し目と増し目

増し目

● 2目以上の増し目

一度に2目以上の増し目は、糸のある側で操作するため、段が左右で1段ずれます。フレンチスリーブの袖下などでよく使います。

巻き目の増し目……編み地の表を見て、棒針に糸を巻きつけて増し目をする方法。簡単にでき、太い糸にも適しています。

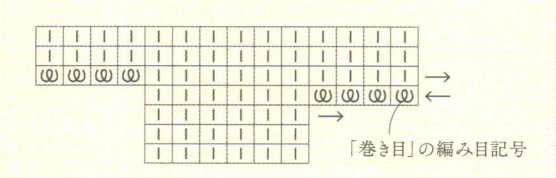

「巻き目」の編み目記号

（右側）＝表編みの段の始めで増す

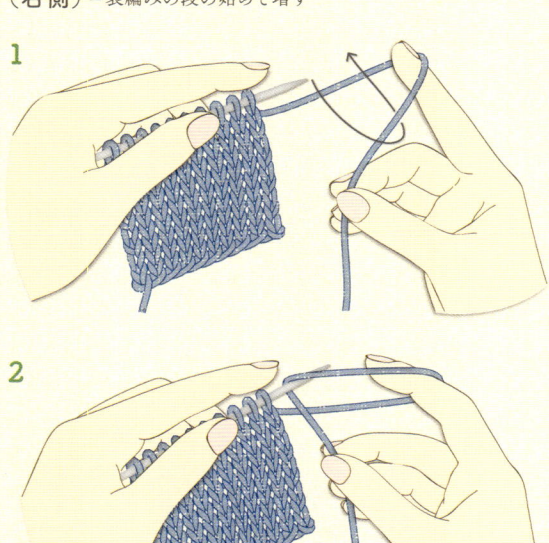

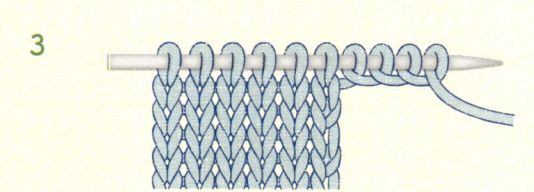

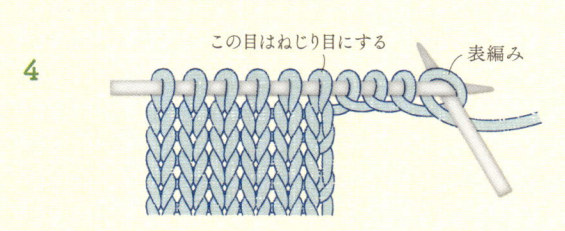

1

2

3

4　この目はねじり目にする　表編み

（左側）＝表編みの段の終りで増す

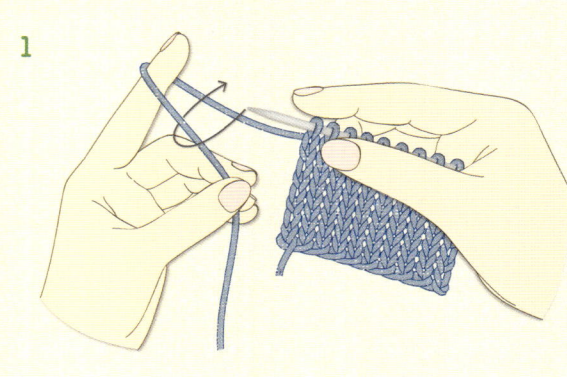

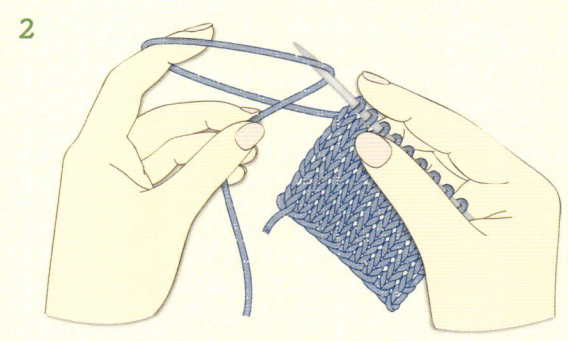

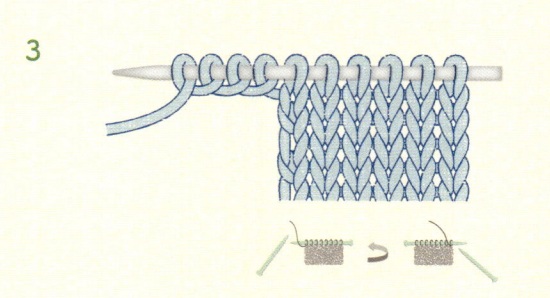

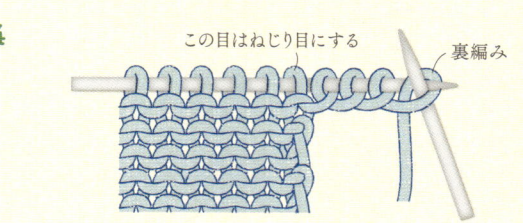

1

2

3

4　この目はねじり目にする　裏編み

INCREASES

編みながらの増し目（編出し増し目）……編始め側で右方向に1目ずつ編み、編んだ目を棒針にかけて増し目をする方法。
「巻き目の増し目」より増し目に厚みができてしっかりするので、細めの糸に適しています。

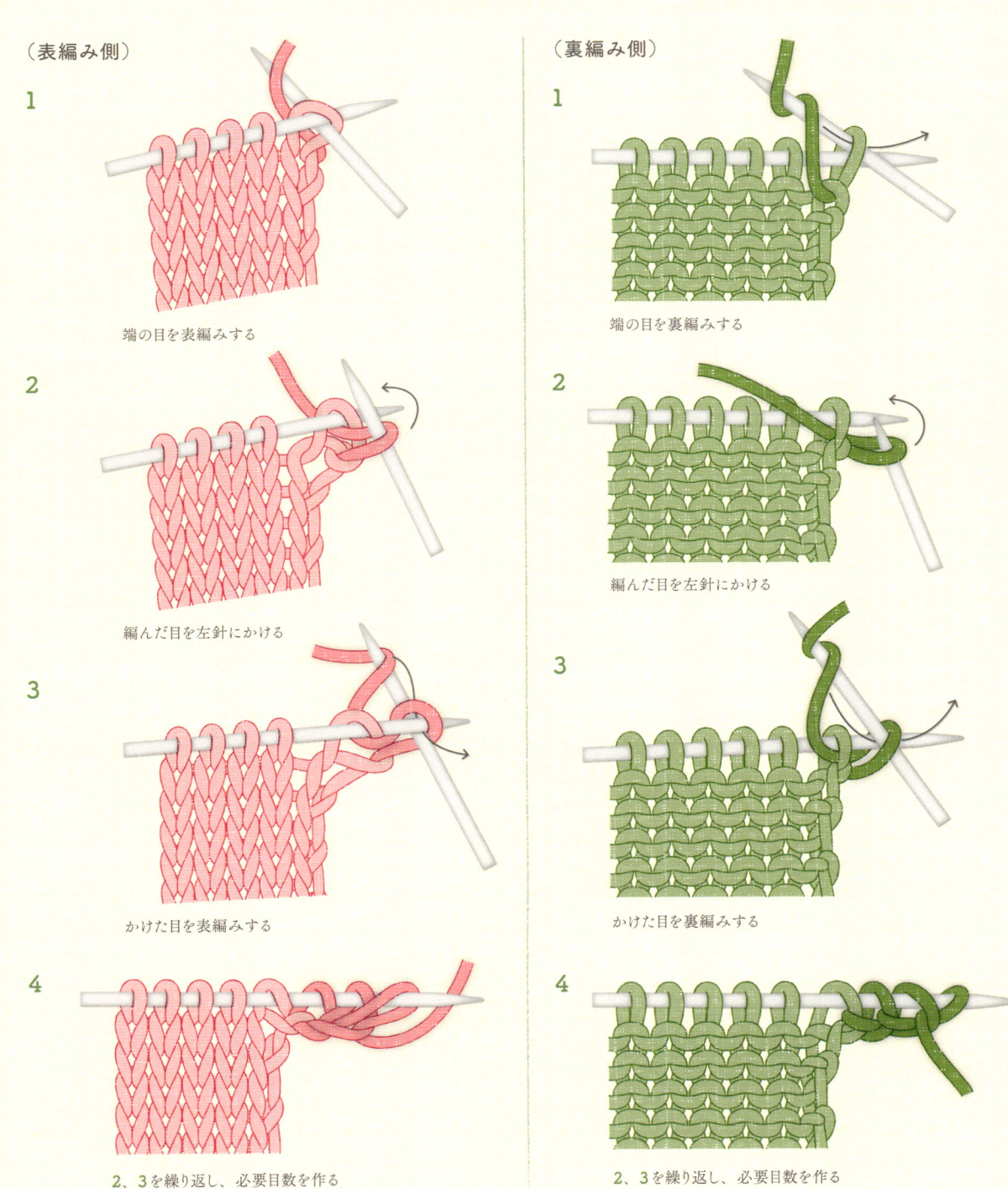

（表編み側）

1　端の目を表編みする

2　編んだ目を左針にかける

3　かけた目を表編みする

4　2、3を繰り返し、必要目数を作る

（裏編み側）

1　端の目を裏編みする

2　編んだ目を左針にかける

3　かけた目を裏編みする

4　2、3を繰り返し、必要目数を作る

KNITTING BASICS

Popular Knit Patterns
よく使われる模様編み

目を交差させて作る縄編み模様、かけ目と減し目の組合せで作るレース編み模様、
小さなボール状の飾りを作る玉編み模様、編み目を縦方向に2段分のばす引上げ編み模様、
プレーンなメリヤス編みの色を変えて柄を作る編込み模様の5種類。
表目と裏目だけの編み目がさまざまに変化していく、楽しいテクニックばかりです。
伝統的なアランセーターやフェアアイルセーター、ノルディックセーターなど、
いろいろな模様にもぜひ挑戦してみてください。

Popular Knit Patterns —— よく使われる模様編み

CABLE KNIT PATTERNS

縄編み模様

目と目を交差することで縄模様が作れます。ベースを裏目にした中に表目で交差すると、縄模様がレリーフのように立体的になります。交差は、目数と交差する方向でいろいろな組合せができますが、ここでは、1目交差、2目交差、2目1目交差の編み方を紹介します。交差するどちらかの目を一時休めるとき「縄編み針」（p.69参照、以下別針）という専用の針を使うと編み目がはずれず編みやすいです。

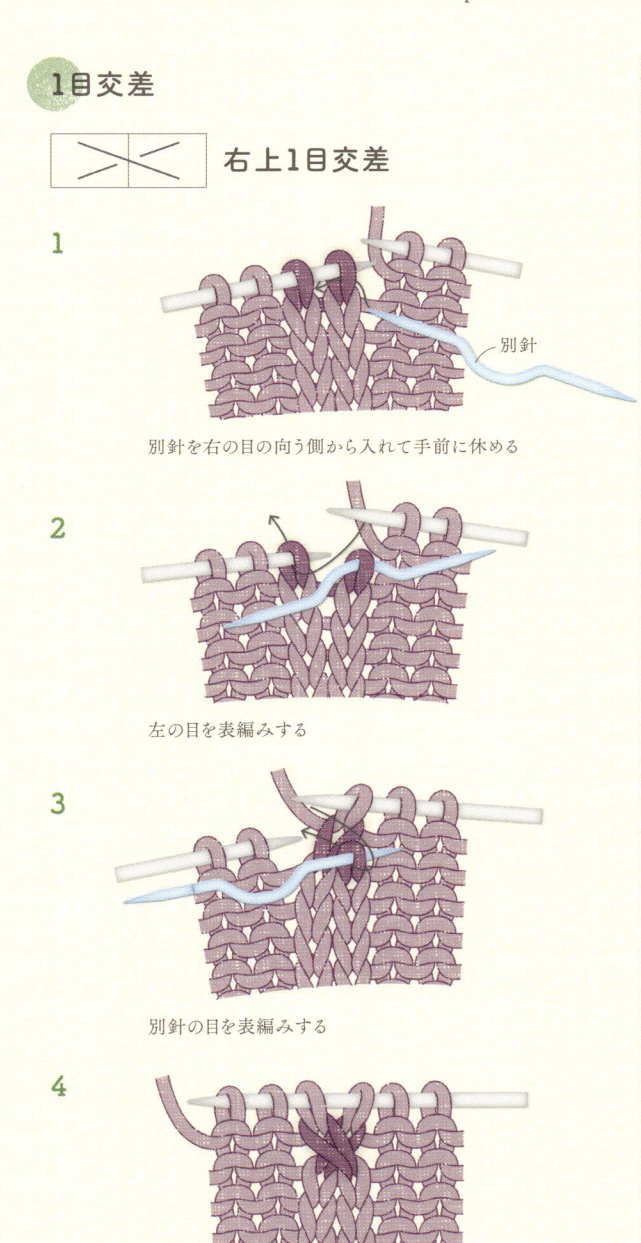

● 1目交差

> < 右上1目交差

1 別針を右の目の向う側から入れて手前に休める

2 左の目を表編みする

3 別針の目を表編みする

4 右上1目交差の出来上り

> < 左上1目交差

1 右の目を別針にとり、向う側に休める

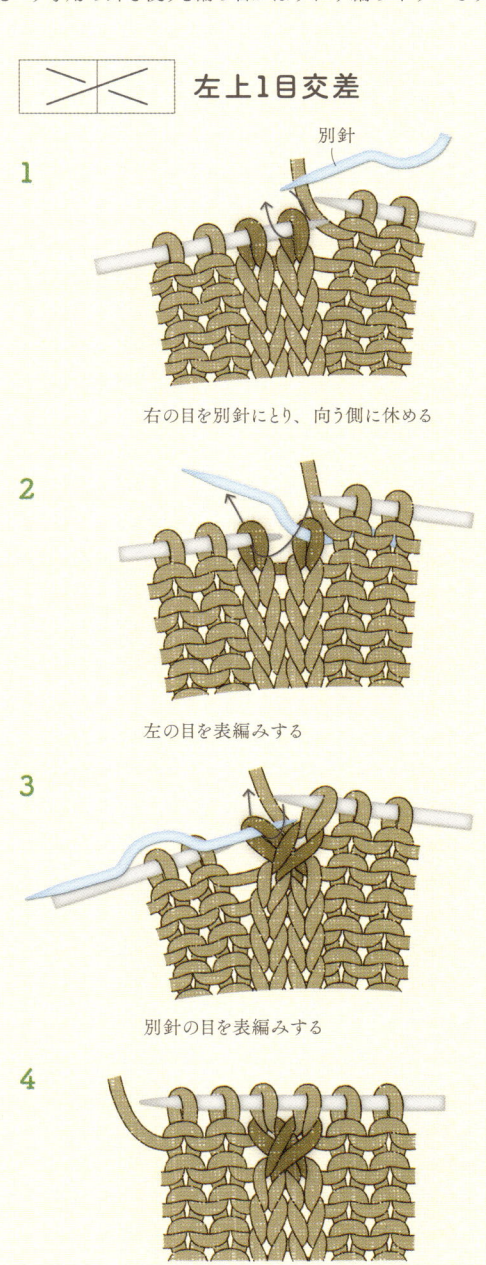

2 左の目を表編みする

3 別針の目を表編みする

4 左上1目交差の出来上り

Popular Knit Patterns —— よく使われる模様編み

縄編み模様

● かぶせ目の交差

右かぶせ目交差

1 3目を右針に移すが、右端の1の目の向きを変え、その目に左針を入れ、2、3の目にかぶせる

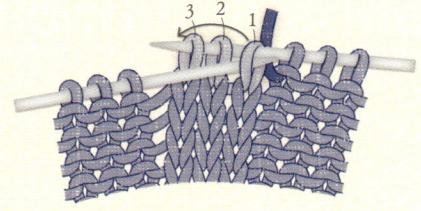

2 2、3の目を左針に移し、2の目を表編みする

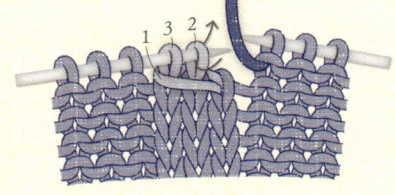

3 次にかけ目をし、3の目を表編みする（かけ目で元の3目に戻る）

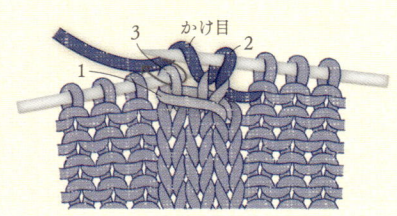

4 右かぶせ目交差の出来上り

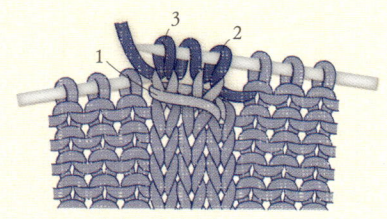

5

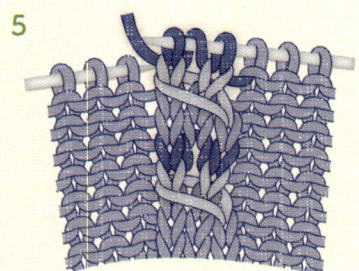

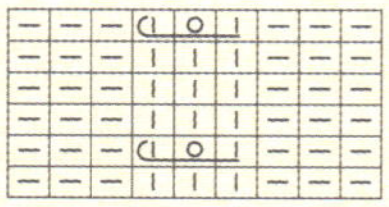

左かぶせ目交差

1 左針の3の目に右針を入れて2、1の目にかぶせる

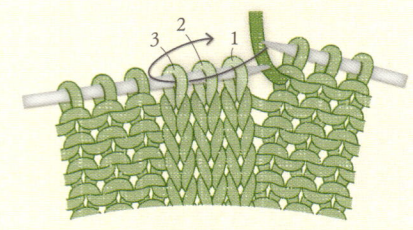

2 かぶせたら右針をはずす

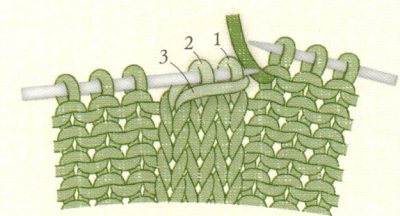

3 1の目を表編みし、次にかけ目をする。2の目を表編みする（かけ目で元の3目に戻る）

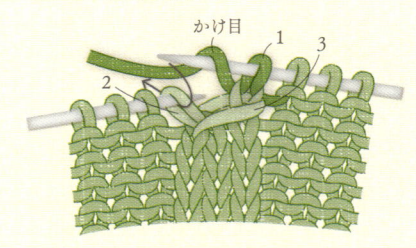

4 左かぶせ目交差の出来上り

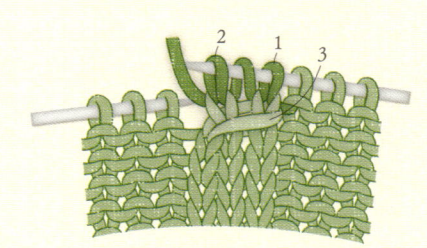

5

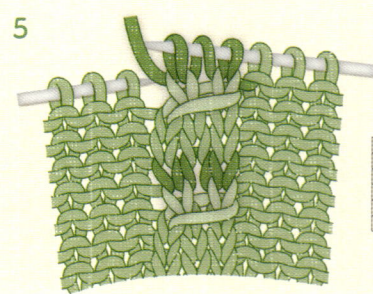

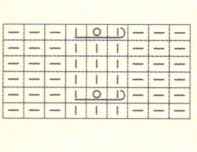

CABLE KNIT PATTERNS

● 2目交差

▭✕✕▭ 右上2目交差

1 1、2の2目を別針に移し、手前側に休める

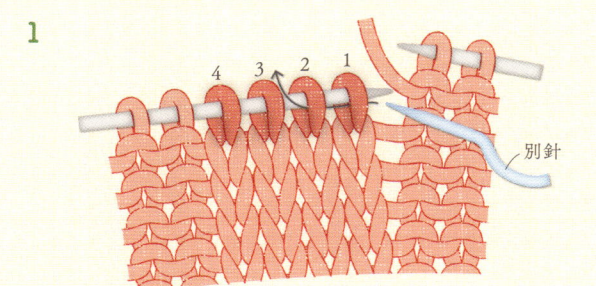

2 3、4の2目を表編みする

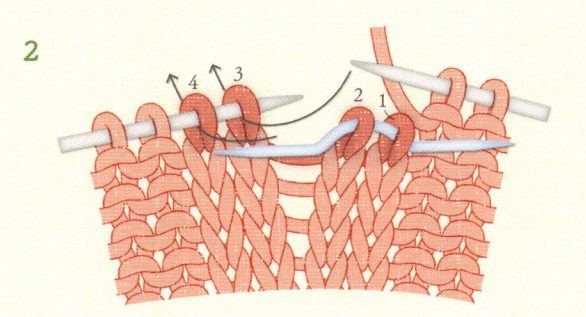

3 別針に休めておいた1、2の目を表編みする

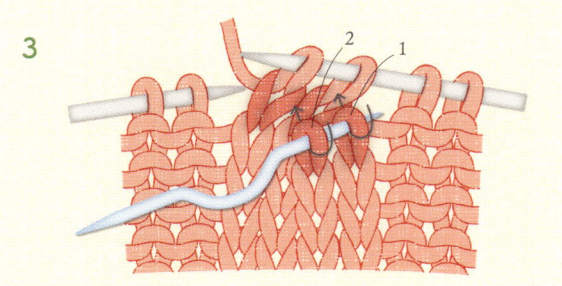

4 右側の2目が上になる右上2目交差の出来上り

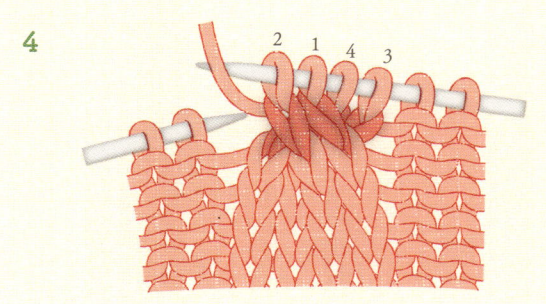

▭✕✕▭ 左上2目交差

1 1、2の2目を別針に移し、向う側に休める

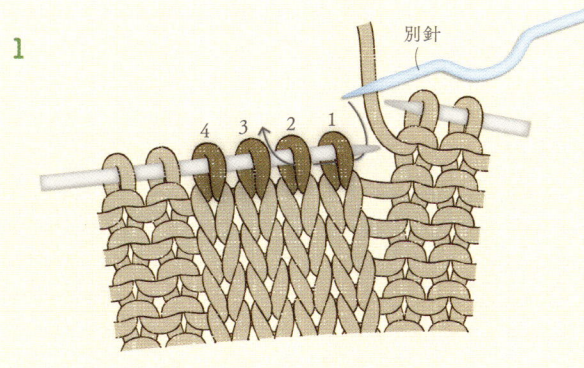

2 3、4の2目を表編みする

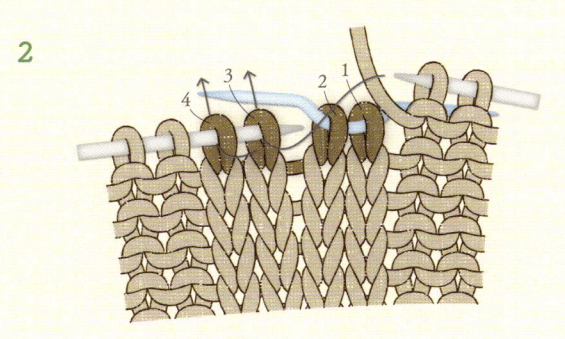

3 別針に休めておいた1、2の目を表編みする

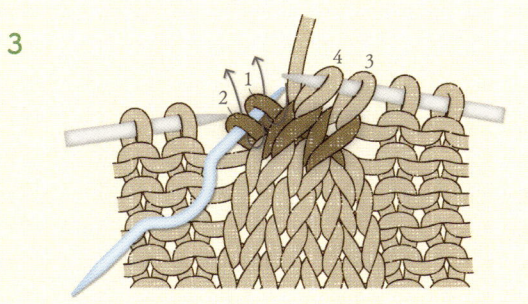

4 左側の2目が上になる左上2目交差の出来上り

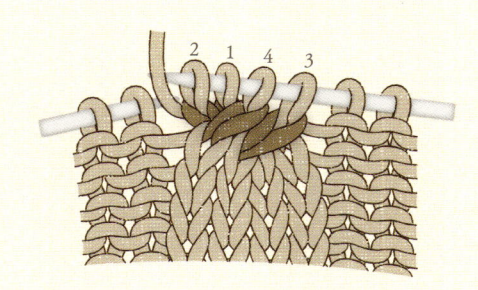

別針

41

Popular Knit Patterns —— よく使われる模様編み

CABLE KNIT PATTERNS

縄編み模様

● 2目1目交差

上になる2目は表目、下になる1目は裏目の交差編みです。

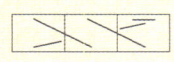

右上2目1目交差

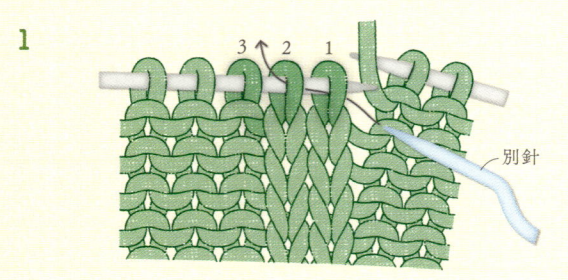

1 1、2の2目を別針に移し、手前側に休める 別針

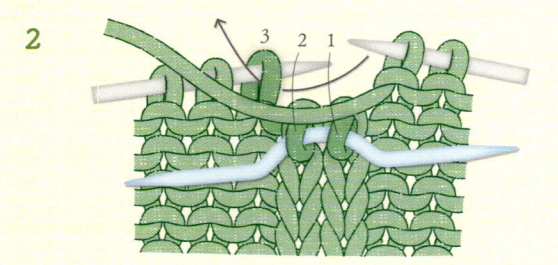

2 3の目を裏編みする

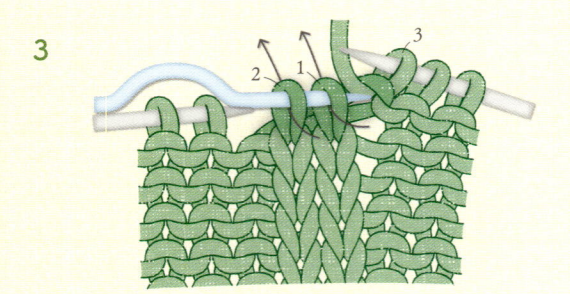

3 別針の1、2の目を表編みする

4 右側の2目が上になる右上2目1目交差の出来上り

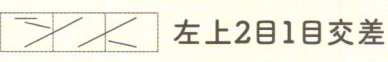

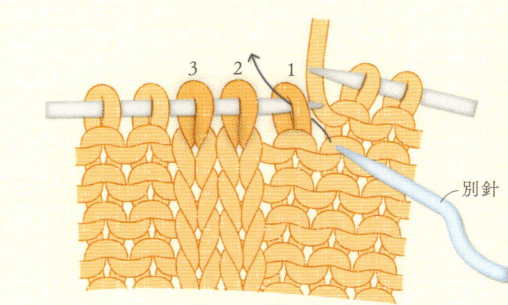

左上2目1目交差

1 1の目を別針に移し、向う側に休める 別針

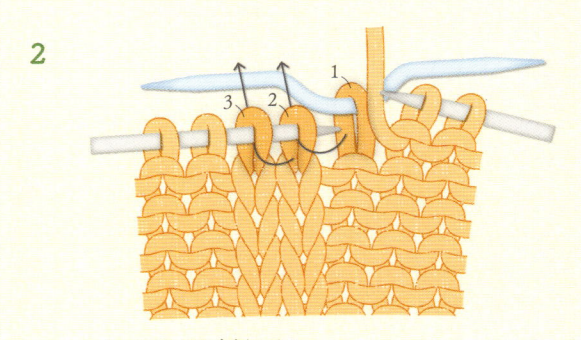

2 2、3の2目を表編みする

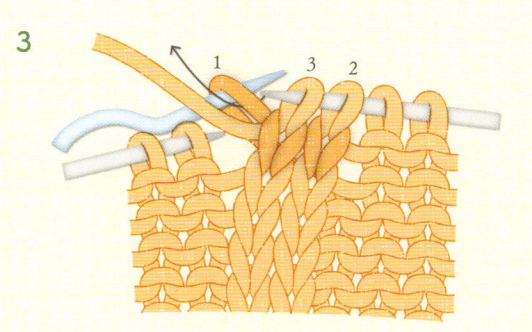

3 別針の1の目を裏編みする

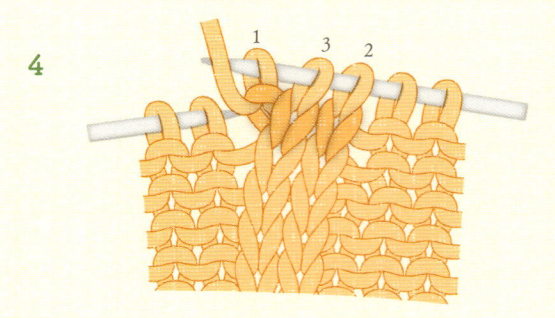

4 左側の2目が上になる左上2目1目交差の出来上り

Popular Knit Patterns ── よく使われる模様編み

LACE PATTERNS

レース編み模様

「透し模様」「穴あき模様」ともいいます。「かけ目」と「2目一度や3目一度の減し目」の組合せで、いろいろな雰囲気の模様になります。
「かけ目」の編み方はp.19、「2目一度」はp.20、21、「3目一度」はp.22を見てください。
注意点は、「かけ目」は1目増えた状態になるので、必ずその前後でかけ目分の目数を減らすことです。

● かけ目と2目一度の組合せ

記号図は2通りありますが、編み方は同じです。

| ○ | 入 | or | ○ | ⩘ | 右上2目一度とかけ目

| 入 | ○ | or | ⩘ | ○ | かけ目と右上2目一度

| ○ | 人 | or | ○ | ⩗ | 左上2目一度とかけ目

| 人 | ○ | or | ⩗ | ○ | かけ目と左上2目一度

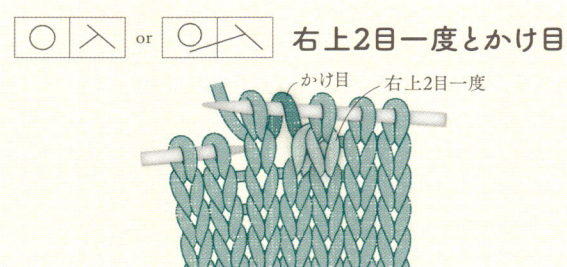

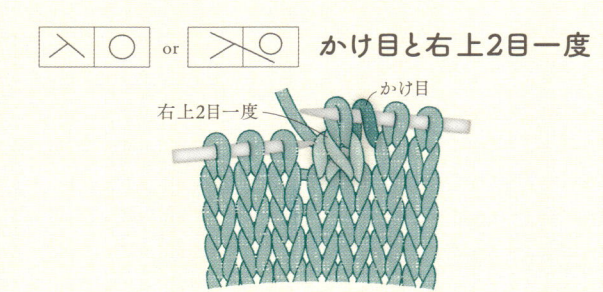

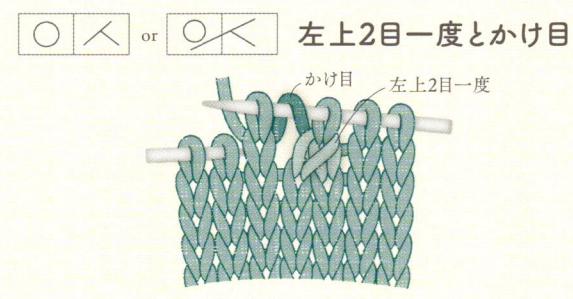

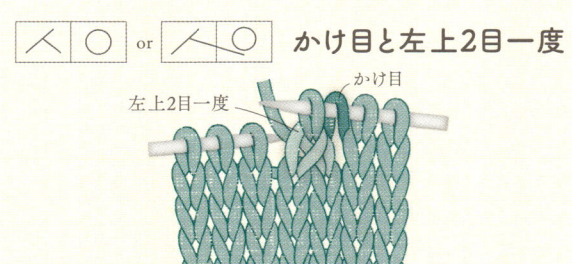

● かけ目と3目一度の組合せ

| ○ | 木 | ○ | かけ目と中上3目一度

| ○ | 才 | ○ | かけ目と右上3目一度

| ○ | 朩 | ○ | かけ目と左上3目一度

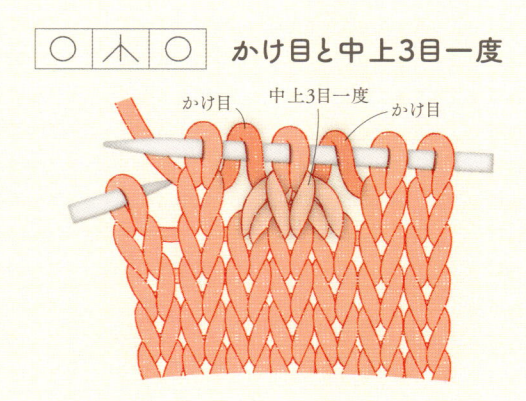

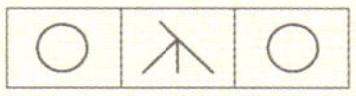

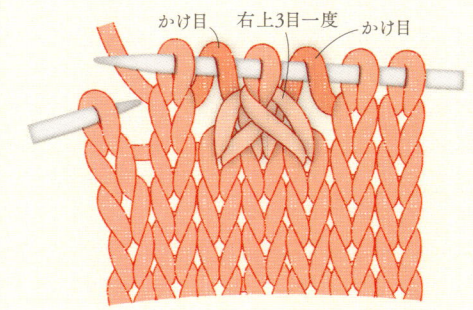

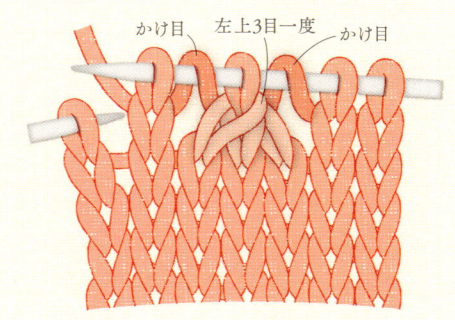

Popular Knit Patterns —— よく使われる模様編み

BOBBLE PATTERNS

玉編み模様

1目の中から3目または5目と編み目を編み出すと、ポコッとした玉のような編み模様ができます。
裏メリヤス編み地の中に玉編みを入れると、より立体感が出て効果的です。アランセーターの模様としてもよく使われます。
かぎ針で作ることもできます。

● 棒針編みの玉編み

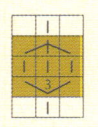

3目3段の玉編み
小さい玉編み

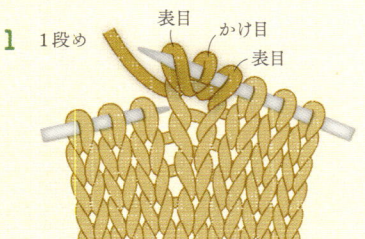

1 1段め
表目／かけ目／表目

1目から「表目、かけ目、表目」の3目を編み出す。2段めは編み地を返して3目だけ裏編みする

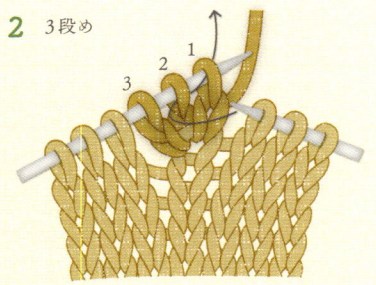

2 3段め

もう一度編み地を返して右針を矢印のように2目に入れて編まずに移す

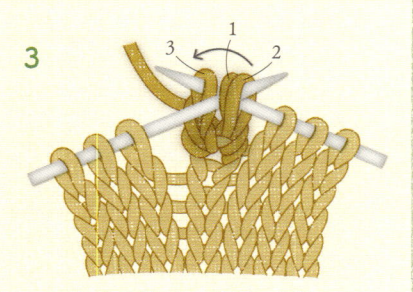

3

3目めを表編みし、右針の2目を3目めにかぶせる

4

3目3段の玉編みの出来上り。次の目からは表編みする

5目5段の玉編み
大きい玉編み。
左右前後を裏目にすると効果的

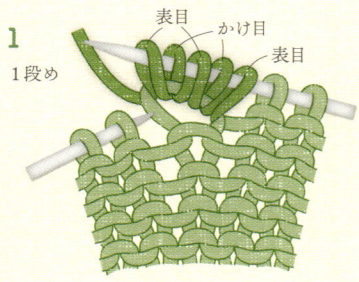

1 1段め
表目／かけ目／表目

1目から「表目、かけ目、表目、かけ目、表目」の5目を編み出す。編み地を返して2段めは裏編み、3段めは表編み、4段めは裏編みをする

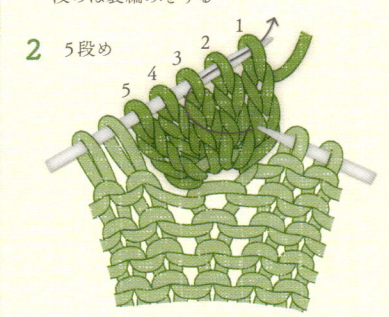

2 5段め

右の3目に右針を矢印の方向に入れて編まずに移す

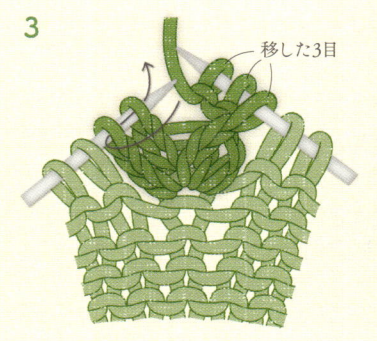

3

移した3目

残った2目を左上2目一度に編む

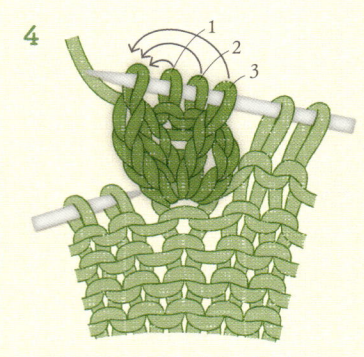

4

2目一度をした目に右針に移した3目を1、2、3の順に1目ずつかぶせる

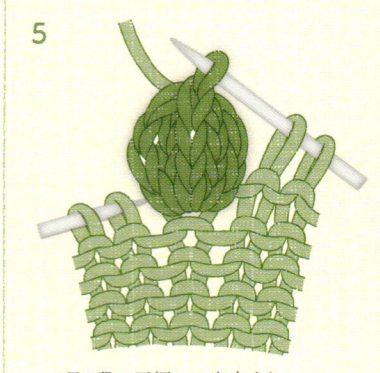

5

5目5段の玉編みの出来上り

かぎ針編みの玉編み

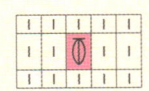

中長編みの3目の玉編み
ふわっとした玉編み。かぎ針の太さは棒針に合わせる

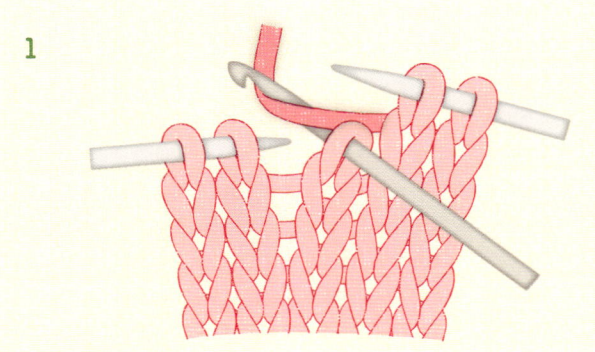

1 玉編みをする目をかぎ針にとり、糸を引き出す

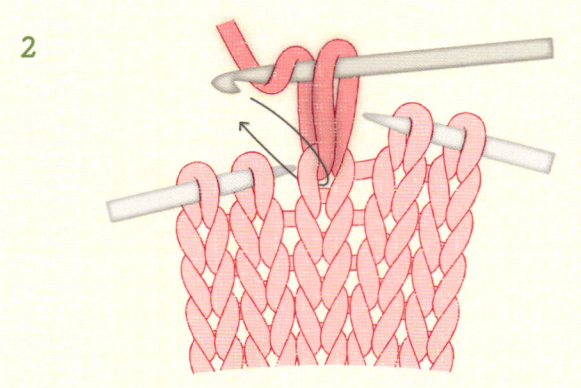

2 糸をかけて同じ目から糸を引き出すことを3回繰り返す

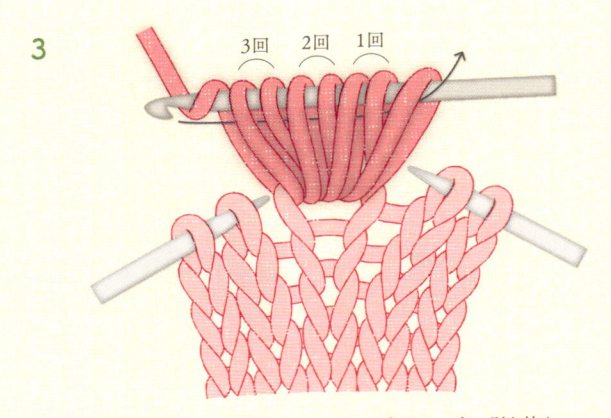

3 糸をかけ、かぎ針にかかっている全目を一度に引き抜く

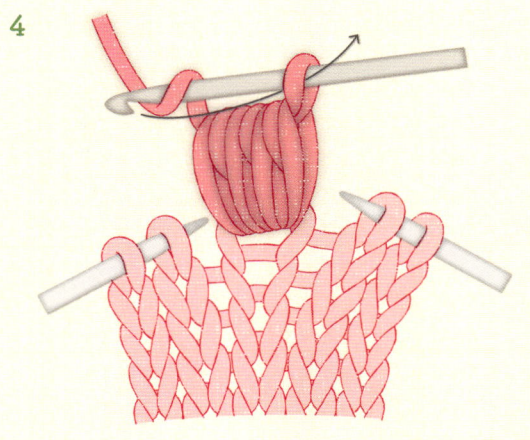

4 もう一度かぎ針に糸をかけて引き抜き、目を引き締める

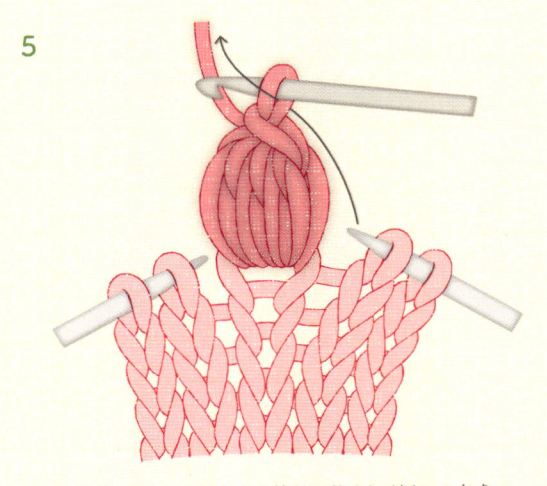

5 かぎ針にかかった目を右の棒針に移すと玉編みの完成

Popular Knit Patterns —— よく使われる模様編み

KNIT ONE BELOW PATTERNS

引上げ編み模様

目を縦方向に引き上げる編み方で、立体感のある編み地を作ることができます。
また、2色以上の糸で編むと、変化に富んだ模様が楽しめます。

● 表引上げ編み ∩

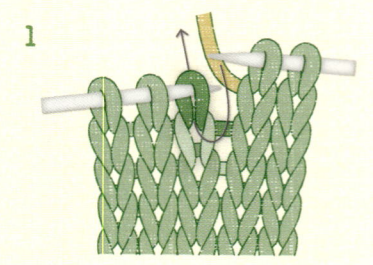

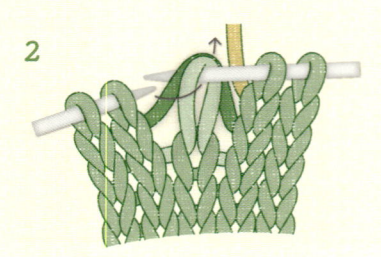

1段を引き上げて2段めで編む場合

1 2段下の目に右針を入れて移す

2 右針の目を左針に移す

3 移した目を一緒に表編みする

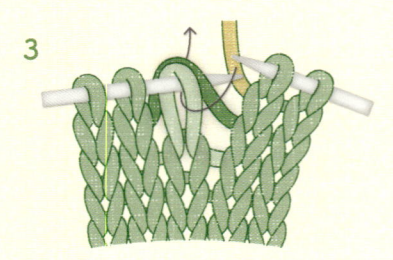

4

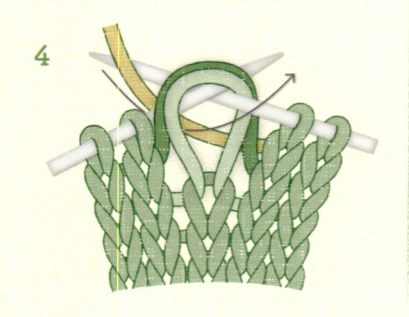

5
裏側 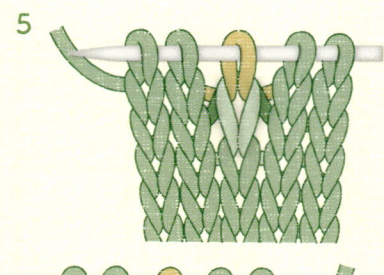 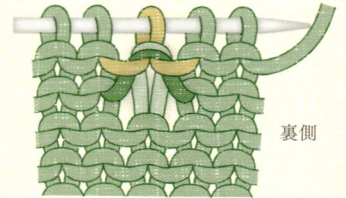

1段の表引上げ編みの出来上り

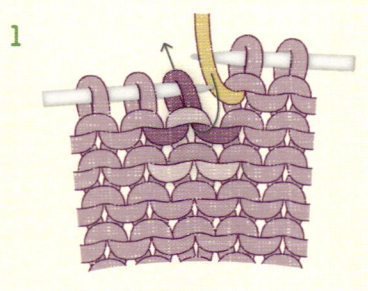

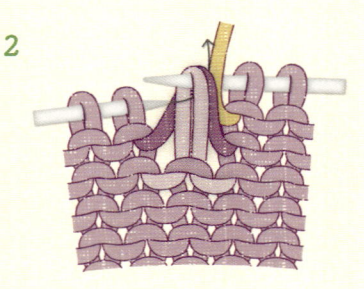

● 裏引上げ編み ∪

1段を引き上げて2段めで編む場合

1 2段下の目に右針を入れて移す

2 右針の目を左針に移す

3 移した目を一緒に裏編みする

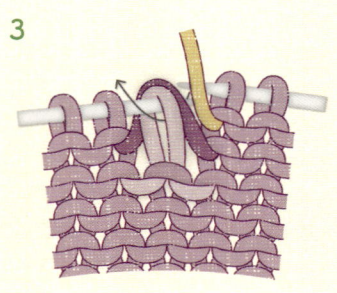

4

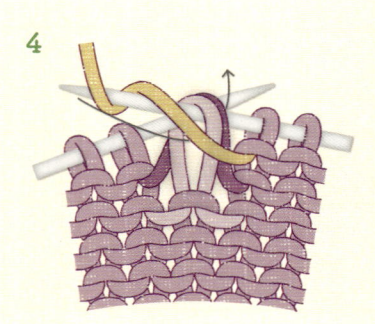

5
裏側 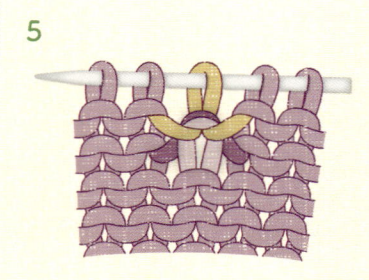 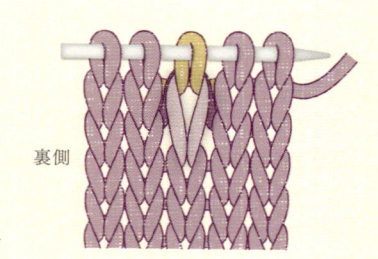

1段の裏引上げ編みの出来上り

Popular Knit Patterns ── よく使われる模様編み

COLOR KNITTING

編込み模様

メリヤス編みで、数色の糸を使っていろいろな模様を編み出します。複雑そうに見えても糸の扱い方に慣れれば楽しいテクニックです。模様によって配色糸の替え方が異なります。

糸の持ち方……両手の人さし指に糸をかけて手早く編める方法。編む量の多い地糸（ベースになる糸）は左手に、配色糸は右手に持ちます。

● 配色糸の替え方

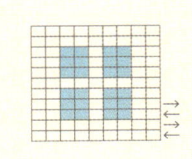

模様が小さく、横に連続している模様の場合
裏側で編まない糸が横に渡る。糸を替えるポイントは、いつも地糸が下、配色糸が上と一定にすること

1 表編みの段 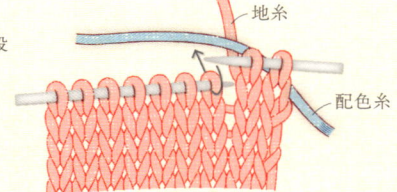
端の目に配色糸をからませて端2目を地糸で編む。次に地糸を下に、配色糸を上にして配色糸で2目編む

2 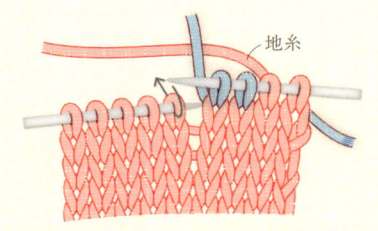
地糸を下に、配色糸を上にして次の1目を地糸で編む

3 裏編みの段 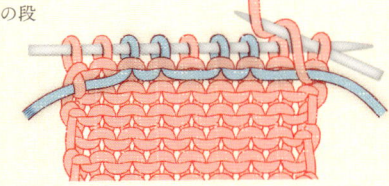
1目めを地糸で編むとき、配色糸を地糸の上にのせて編む

4 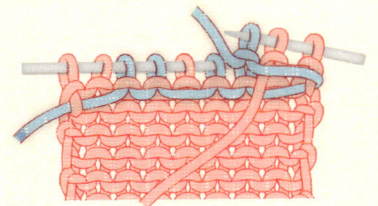
地糸を下に、配色糸を上にして配色糸で2目編む

5 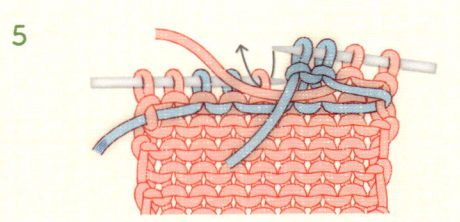
地糸を下に配色糸を上にして、地糸で1目編む

（糸の持ち方）

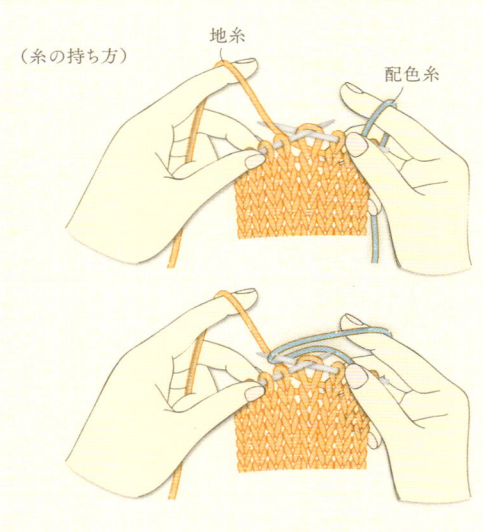

裏に渡る糸が長くなる場合
裏に渡る糸が長くなると、完成後に渡り糸が指に引っかかりやすいので、糸を途中で編み目の中にくぐらせる

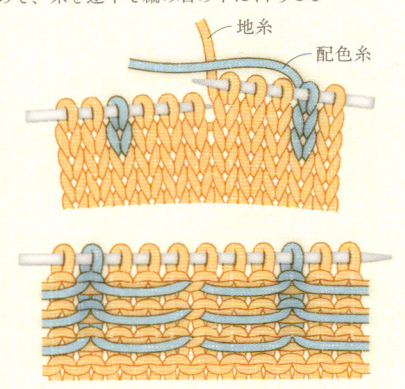

Popular Knit Patterns ── よく使われる模様編み　　COLOR KNITTING

編込み模様●配色糸の替え方

縦縞模様の場合

縞の境目で糸が縦方向に渡る。境目で地糸と配色糸を交差させるが引きすぎると、境目がつれるので注意！　編み地は薄く仕上がるが、縞の本数だけ糸口が必要になる

1　表編みの段

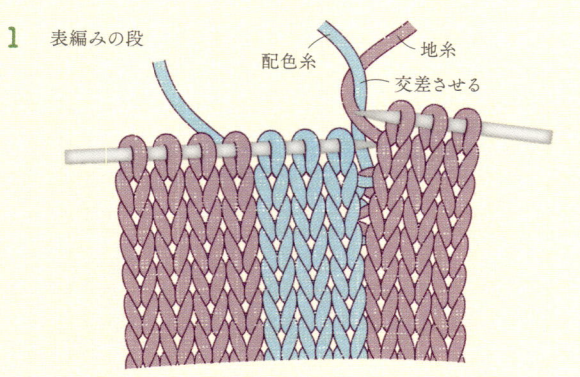

配色糸　地糸　交差させる

地糸で縞の境目まで編んだら、配色糸を下にして交差させる

2　配色糸で編む

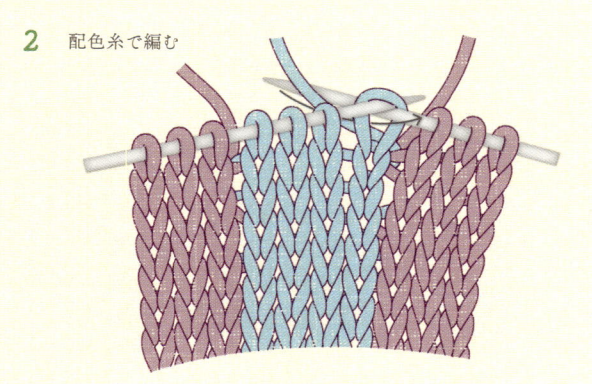

配色糸が編み終わったら、地糸を下にして交差させて編む

3　裏編みの段

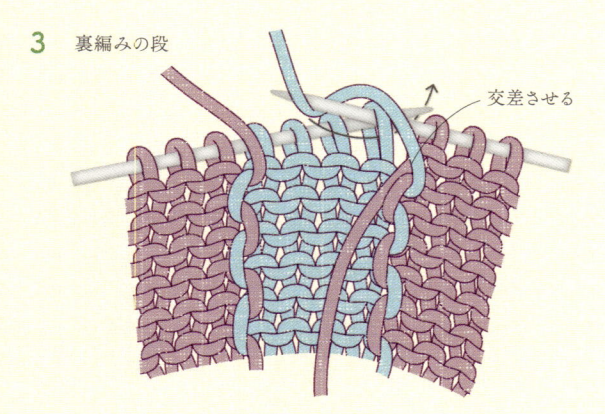

交差させる

地糸で縞の境目まで編んだら、配色糸を上にして交差させて編む

4　交差させる

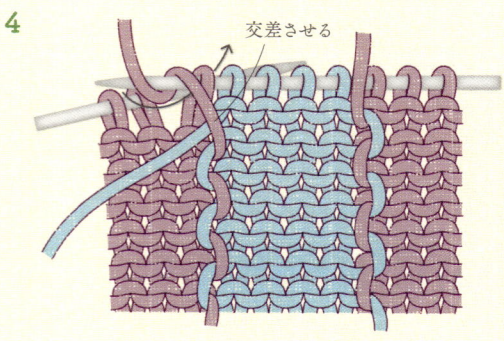

配色糸が編み終わったら、配色糸を下にして交差させて編む

横縞模様の場合

細めの縞模様（2段から6段くらい）のときは、色が変わるたびに糸を切らずに、持ち上げて編み続ける

1

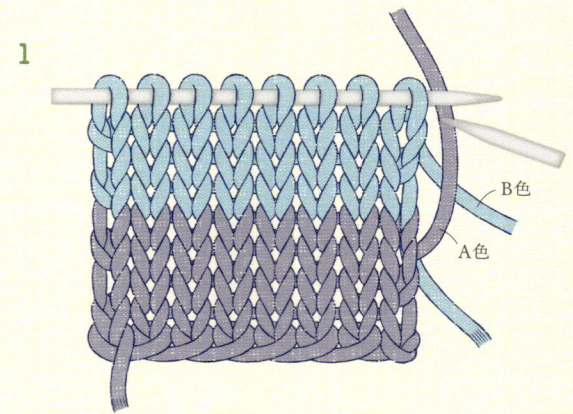

B色　A色

B色の糸を休め、A色の糸をB色の手前にして持ち上げる（編む糸がいつも手前になるように持ち上げる）

2　A色

B色

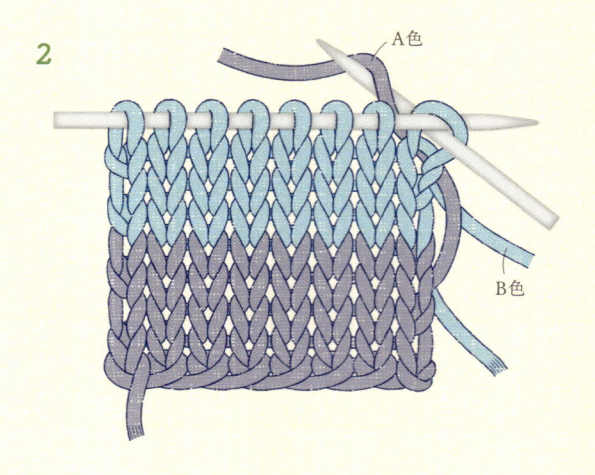

KNITTING BASICS

Assembling

まとめ

棒針編みは、最終段を編み終ったあとで針に残っている目を止めていく必要があります。
これは、かぎ針編みと大きく違うところです。
それぞれの編み地に合った方法で、棒針以外にもとじ針やかぎ針を使って、
ほどけないように棒針から目を1つずつはずしていきます。
また、編み地から新しく目を拾う方法や、2枚の編み地の目と目をつなぐ「はぎ」、
2枚の編み地の段と段をつなぐ「とじ」といったまとめの方法を説明します。

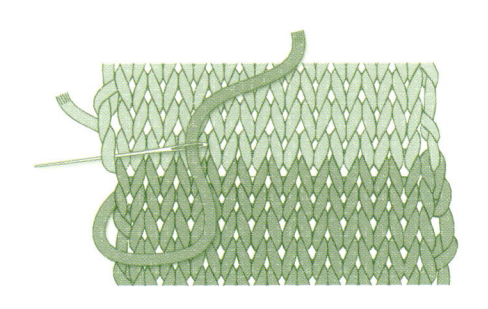

Assembling —— まとめ

BINDING OFF

目の止め方

棒針にかかっている目をほどけないように止め、棒針を編み地からはずすテクニック。
止め方には棒針を使う「伏止め」、かぎ針を使う「引抜き止め」、とじ針を使う「巻止め」や「ゴム編み止め」などがあります。
どの場合も、止める目の大きさは編み地の伸縮に合わせて決めます。

● 伏止め

棒針でp.32の「伏せ目」の要領で目を止めます。

表目の場合

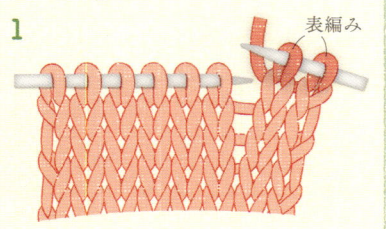

1 端の2目を表編みする

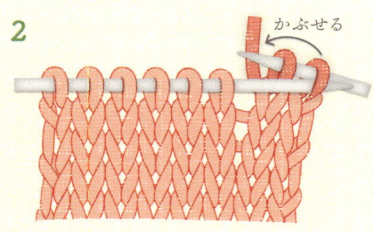

2 端の目を2目めにかぶせる

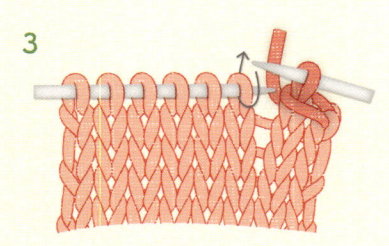

3 次の目を表編みする

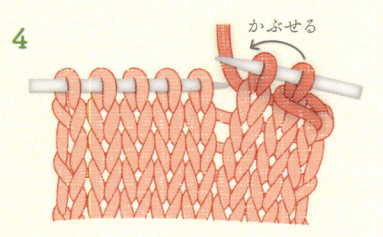

4 2目めを3目めにかぶせる。3、4を繰り返す

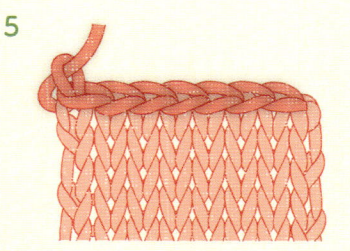

5 最後の目に糸端を通して目を引き締める

裏目の場合

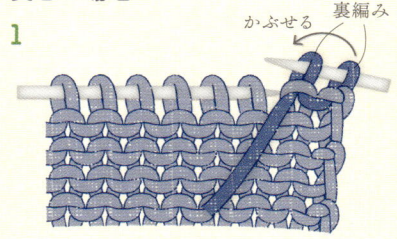

1 端の2目を裏編みし、端の目を2目めにかぶせる

2 次の目を裏編みして、右の目をかぶせる

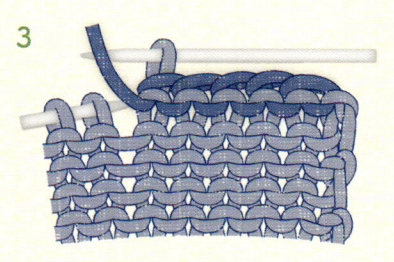

3 2を繰り返す

表目と裏目が組み合わされた場合（1目ゴム編みの場合）

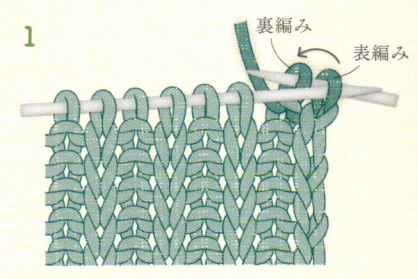

1 「表目は表目、裏目は裏目を編んでかぶせる」を繰り返す

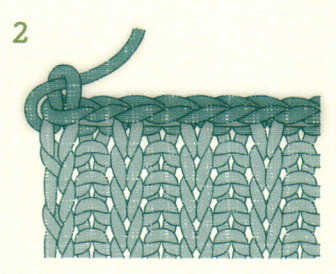

2 最後は目の中に糸を通して引き締める

引抜き止め

かぎ針を使うこの止め方は、糸をかけやすく、スピーディにできますが、止めた目がきつくなりやすいので注意!

表目の場合

1. 端の目にかぎ針を入れ、糸をかけて引き抜く
2. 次の目にかぎ針を入れ、糸をかけてさらに引き抜く
3. 2を繰り返す
4. 最後の目に糸を通して目を引き締める

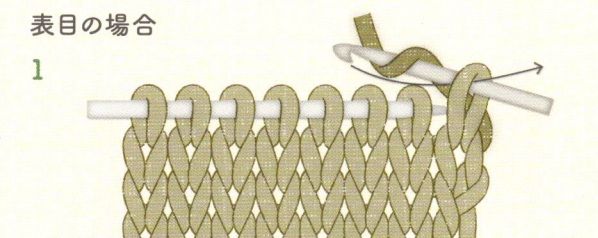

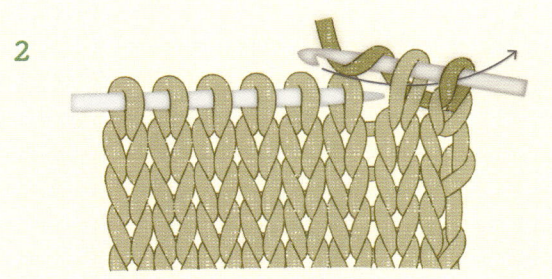

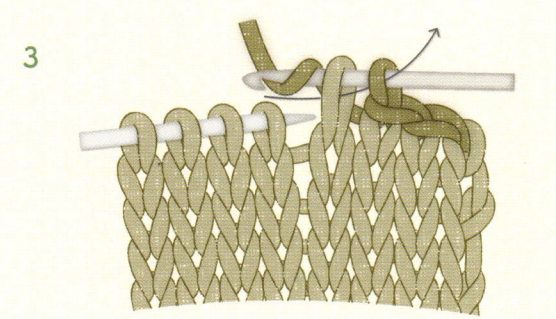

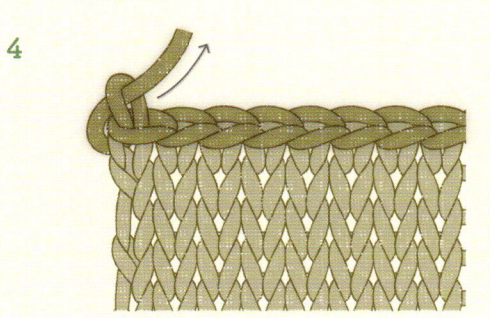

裏目の場合

1. 端の目に向う側からかぎ針を入れ、糸をかけて引き抜く
2. 糸を手前において、次の目と一緒に引き抜く
3. 2を繰り返す。最後の目に糸を通して目を引き締める

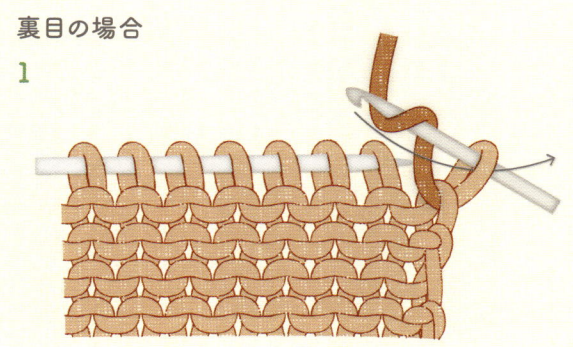

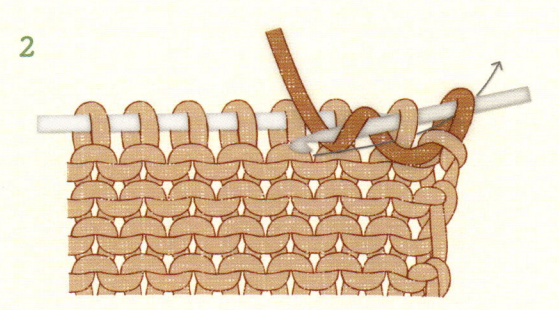

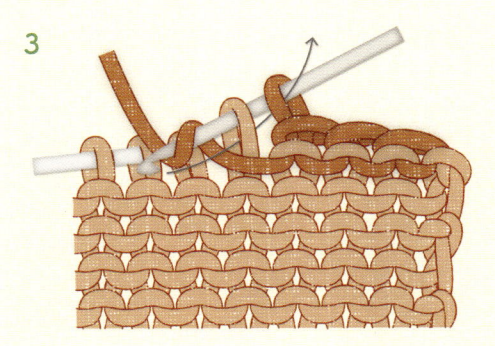

Assembling —— まとめ

目の止め方

🟢 巻止め

とじ針を使って編み目に糸を巻くように通して止めていきます。伸縮性があり、薄く仕上がります。止める糸は、編み幅の2.5～3倍の長さを用意します。

メリヤス編みの場合

1 端の2目に図のように針を入れる

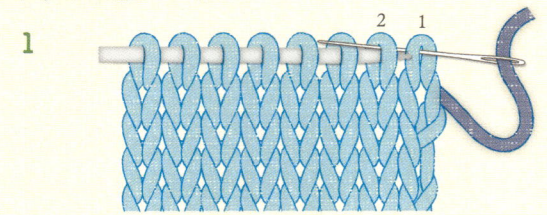

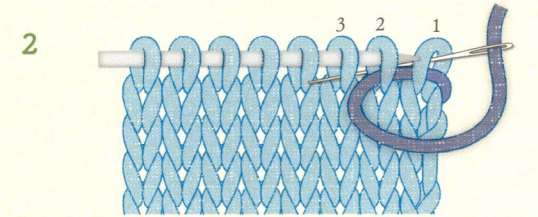

2 戻って、1と3の目に針を入れる

3 戻って、2と4の目に針を入れる

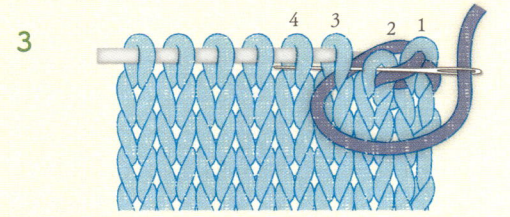

4 3を繰り返す

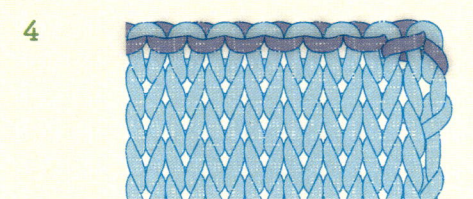

5 最後は図のように針を入れる（どの目にも2回ずつ針を入れる）

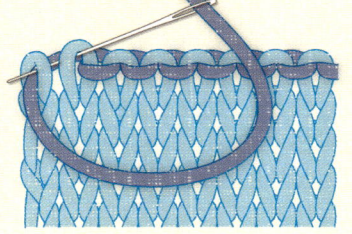

ガーター編みの場合

1 端の2目に図のように針を入れる

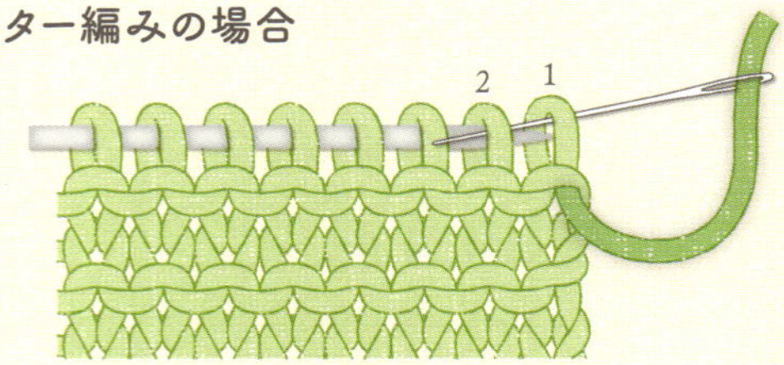

2 戻って、1と3の目に針を入れて糸を引く。2の目に戻って4の目に矢印のように針を入れて糸を引くことを繰り返す

3 最後の2目は手前側から針を入れ、向う側から抜く

🟢 目を一度に絞って止める方法

帽子のトップや手袋の指先などの残り目を止める方法です。

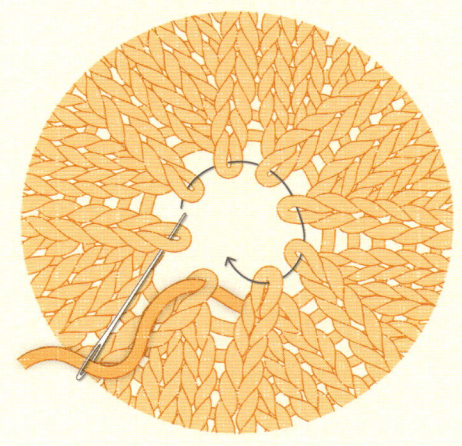

糸端を10cmくらい残して切り、とじ針に通し、全目に糸を通して絞る。目をねじらないように注意！

BINDING OFF

● ゴム編み止め

とじ針を使い、ゴム編みの目の状態をくずさず、ゴム編みの伸縮性を生かした止め方です。「1目ゴム編み止め」と「2目ゴム編み止め」があり、どちらも編み地の表面を見て右から表目と表目、裏目と裏目に針を入れて止めていきます。糸は引きすぎないように少しゆるめにするといいです。止める糸は、編み幅の約3.5倍の長さが必要です。

1目ゴム編み止め―往復編みの場合

右端表目2目、左端表目1目の場合

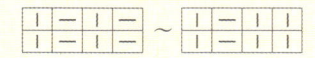

1 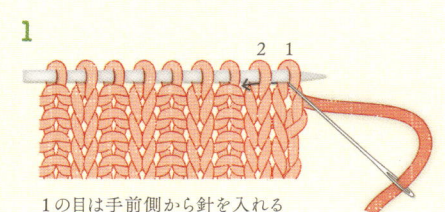 1の目は手前側から針を入れる

2 2の目は向う側から針を入れる

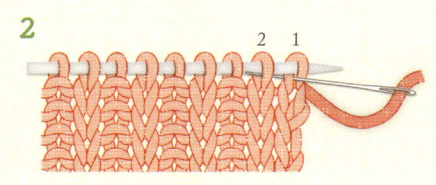

3 1の目に戻って手前側から針を入れ、3の目の向う側に針を出す

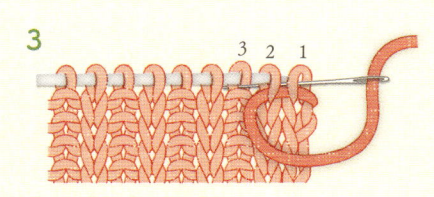

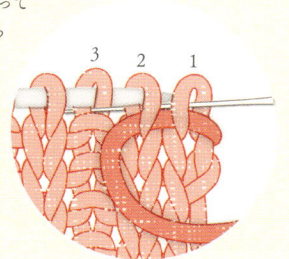

4 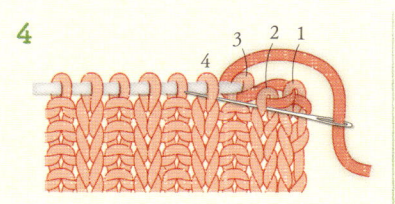 2の目に戻って手前側から針を入れ、4の目の手前側に針を出す(表目どうし)

5 3と5の裏目に針を入れる(裏目どうし)。4、5を繰り返す

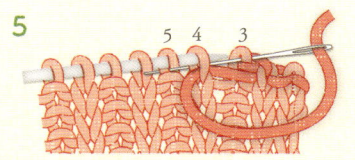

6 最後は2'の裏目の向う側から針を入れ、1'の表目の手前側に出す

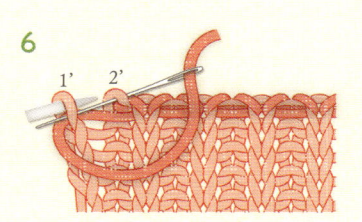

両端とも表目1目の場合

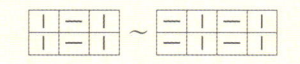

1 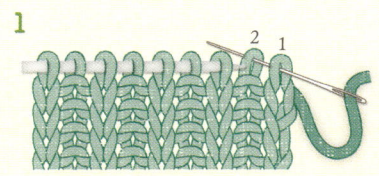 1の目と2の目に手前側から針を入れる

2 1の目に戻り、3の目に針を入れる(表目どうし)

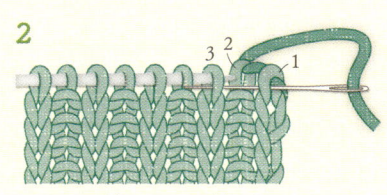

3 2の目に戻って向う側から針を入れ、4の目の向う側に針を出す(裏目どうし)。左端は左図の6と同じ

輪編みの止め方

始めは1の目をとばして2の目の手前から針を入れる。以降は「両端とも表目1目の場合」の2、3を繰り返す。
途中の止め方は「往復編みの止め方」を参照。

1 終りは2'の表目の手前側から針を入れ、1の目の手前側に出す

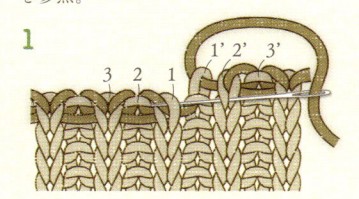

2 1'と2の目に針を入れて糸を引く

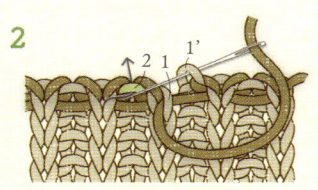

3

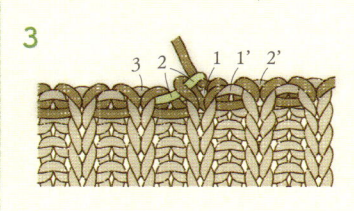

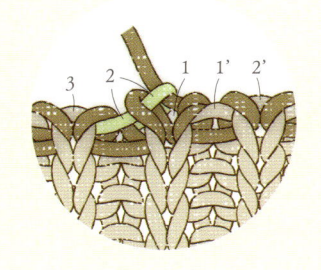

53

Assembling — まとめ

BINDING OFF

目の止め方 ●ゴム編み止め

2目ゴム編み止め—平編みの止め方

両端が表目2目の場合

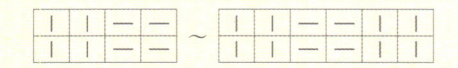

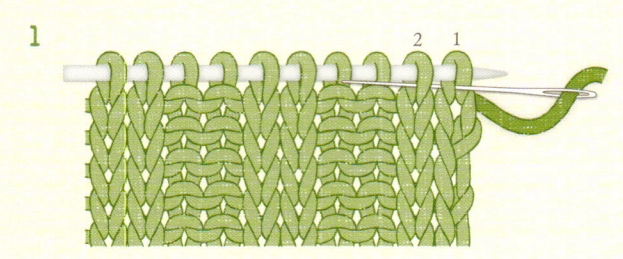

1

1と2の目に図のように針を入れる

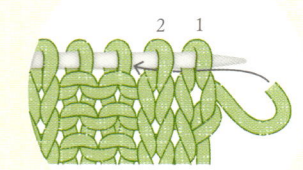

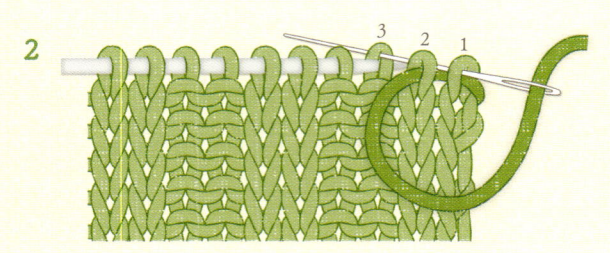

2

1の目に戻って手前側から針を入れ、3の目の向う側から針を出す

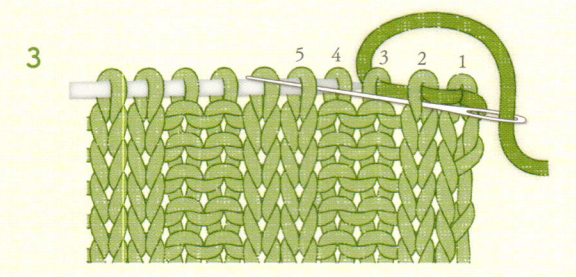

3

2の目に戻って手前側から針を入れ、3、4の2目をとばして5の目の手前側に針を出す（表目どうし）

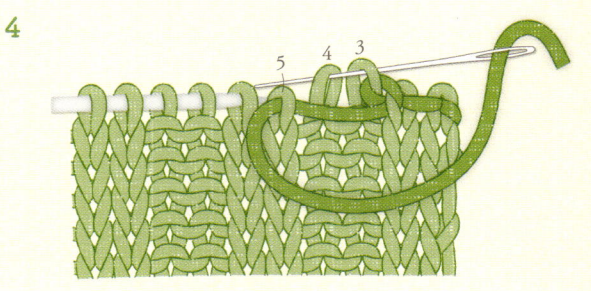

4

3の目の向う側から針を入れ、4の目の向う側に針を出す（裏目どうし）

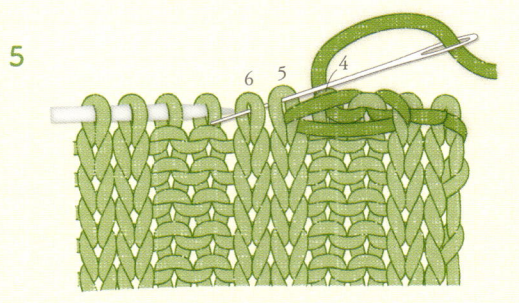

5

5の目の手前側から針を入れ、6の目の手前側に針を出す（表目どうし）

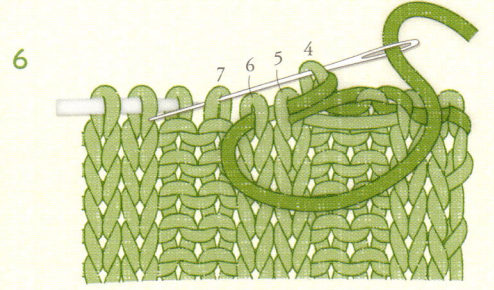

6

4の目に戻って向う側から針を入れ、5、6の2目をとばして7の目の向う側に針を出す（裏目どうし）。**3〜5を繰り返す**

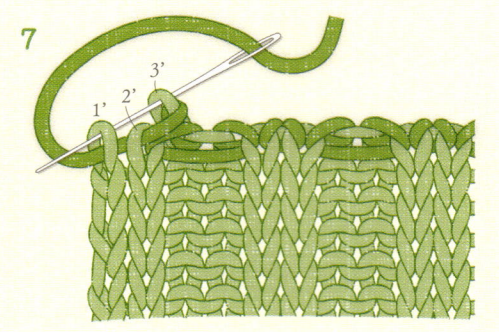

7

終り側は2'の目に針を手前側から入れ、1'の目の手前側に出し、3'の目の向う側から針を入れ、1'の目の手前側に出す

Assembling —— まとめ
PICKING UP STITCHES

目の拾い方

セーターの裾や衿ぐりに縁編みを加えるときやカーディガンの前立てを編むときには、新しい目を作ります。
ただし、「編始めの目の作り方」とは違って、すでに編まれた編み地から"目を拾い出して"作ります。
「目から目を拾う」と「段から目を拾う」があります。

目からの拾い目

よく使われる「指に糸をかけて作る作り目」からの拾い方です。編み地の表を見て、作り目側を上にして拾います。ポイントは、終りの端の半目も拾うことです。

メリヤス編み目から

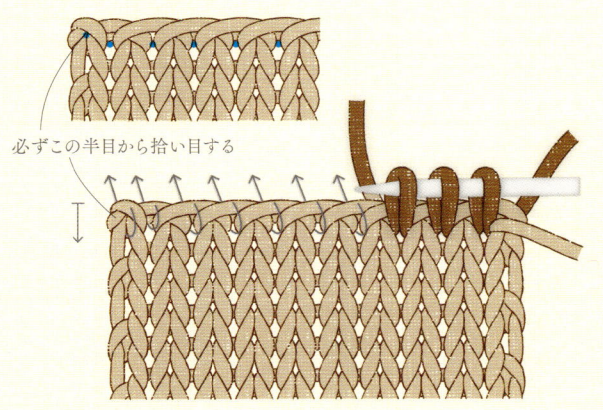

必ずこの半目から拾い目する

目と目の間の渡り糸を2本すくって針を入れ、糸を引き出す

裏メリヤス編み目から

*「別糸の作り目」からの拾い方はp.9を参照

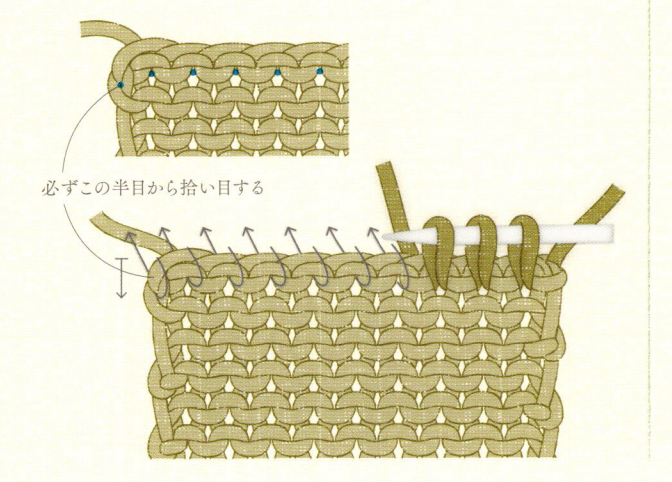

必ずこの半目から拾い目する

段からの拾い目

ポイントは、段数のほうが拾い出す目数より多いので、段を規則的にとばしながら目を拾うことです。とばす割合は編み地により異なります。また、模様編み地から拾う場合は、縁編みのゲージ（p.67参照）をとって拾い目数を決めます。

メリヤス編み目からゴム編み目を編む場合

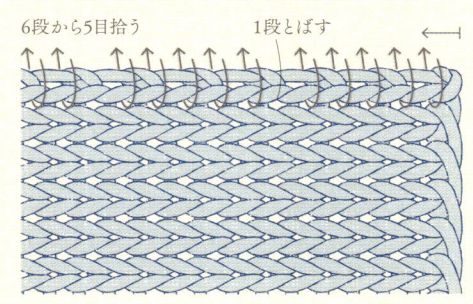

6段から5目拾う　　1段とばす　←

メリヤス編み目からガーター編み目を編む場合

3段から2目、4段から3目を交互に拾う　1段とばす　←

ガーター編み目からガーター編み目を編む場合

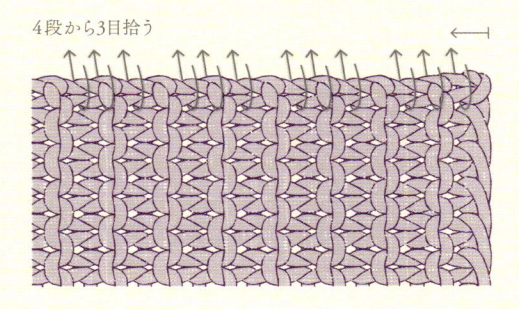

4段から3目拾う　←

Assembling —— まとめ

G R A F T I N G

はぎ方

目と目をつなぎ合わせることを「はぎ」といいます。

🟢 引抜きはぎ

2枚の編み地を中表に合わせてかぎ針ではぎ合わせます。はぎ目は伸びにくいです。

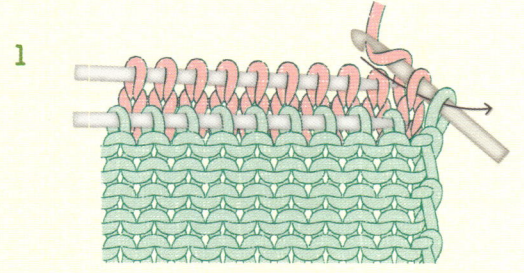

1
手前側と向う側の端の目にかぎ針を入れ、糸をかけて2目を一度に引き抜く

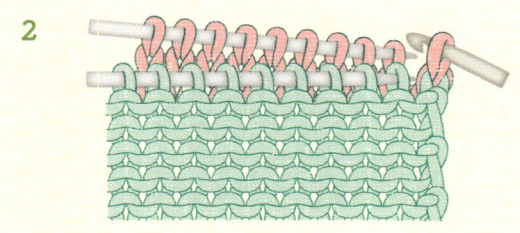

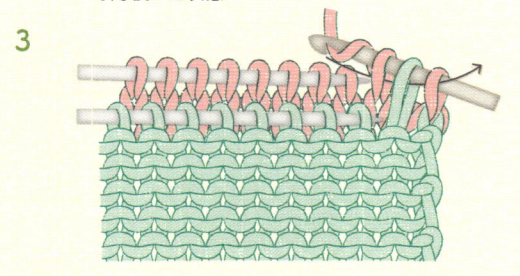

2
引き抜いた状態

3
2目めをかぎ針に移し、1と同じく糸をかけて一度に引き抜く

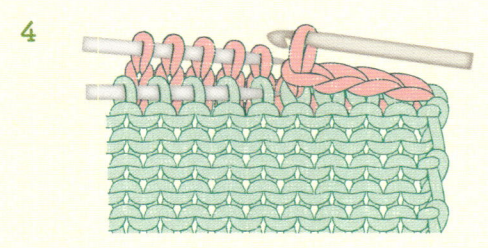

4
3を繰り返す

🟢 かぶせ引抜きはぎ

左図のはぎ方よりはぎ目が薄く仕上がるので、太い糸にも適します。また、裏メリヤス編みやかのこ編みははぎ目が目立たないのでおすすめです。編み地は中表に合わせます。

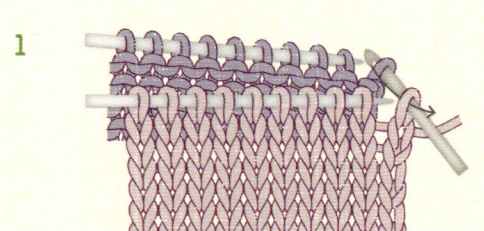

1
手前側の目からかぎ針を入れて端の2目をとり、向う側の目を手前側に引き抜く

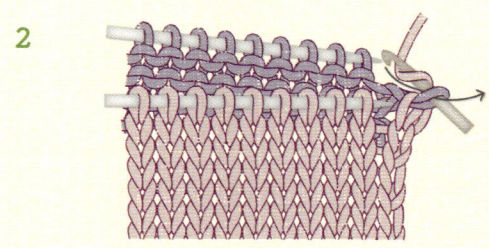

2
針に糸をかけて引き抜いた目から引き抜き、2目めも1のように向う側の目を引き出す

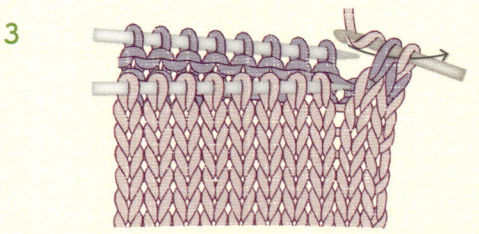

3
糸をかけ、2で引き出した目とかぎ針にかかっている目を一緒に引き抜く

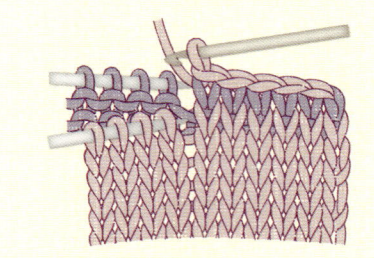

4
2、3を繰り返す

メリヤスはぎ

メリヤス目を作りながらはぎ合わせていく方法で、はぎ目で1段作ることになります。はぎ糸は編み幅の約3倍の長さを用意し、表を見て右から左へはぎ進みます。はぎ目は編み目と同じ大きさになるように糸を引きます。

両端が目のままの場合

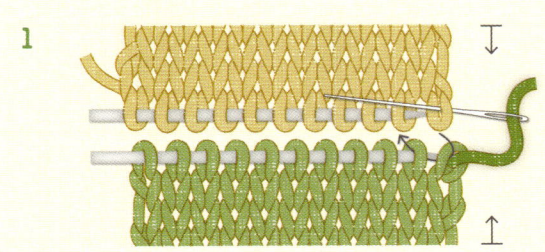

1

下の端の目から糸を出し、上の端の目に針を入れる。下の目に戻り、矢印のように針を入れる

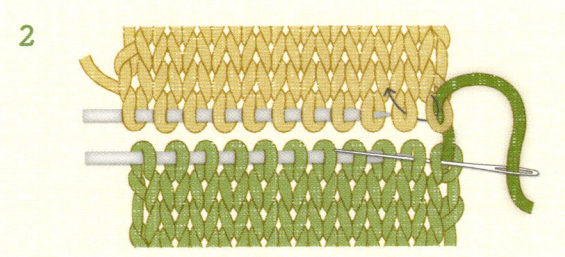

2

上の端の目に戻り、矢印のように針を入れる

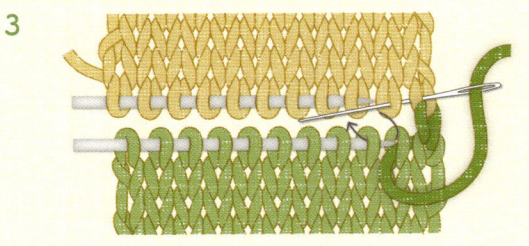

3

上の端の目と次の目に針を入れ、さらに矢印のように続ける

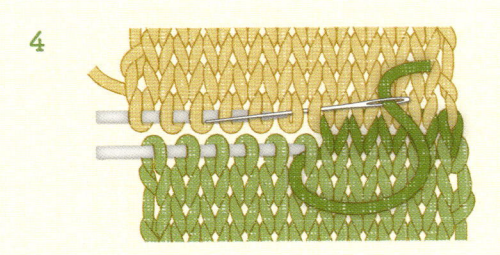

4

2、3を繰り返す

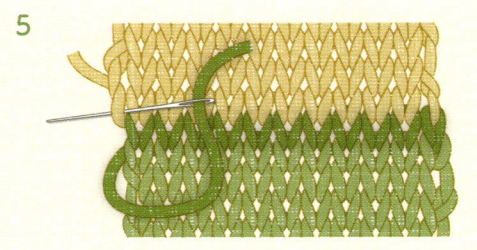

5

最後の目に針を入れて抜く

注：編み目の方向が逆になるので、はぎ始め側の端で半目ずれる

片側の目が伏止めしてある場合

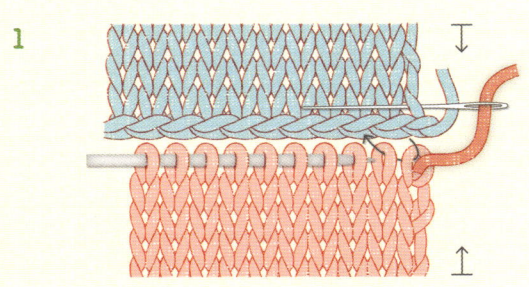

1

目で残っている側の端の目から糸を出し、伏止め側の端の半目をすくい、矢印のように針を入れる

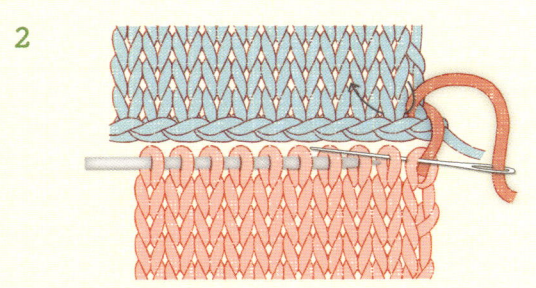

2

伏止め側の1目をすくう

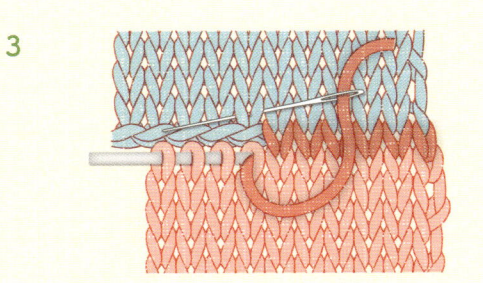

3

目で残っている側は針を表から入れて表に出し、伏止め側は逆八の字の2本をすくうことを繰り返す。最後は上図の5と同じ

57

Assembling — まとめ　　　　　GRAFTING

はぎ方

● ガーターはぎ

ガーター編み目の状態にはぎ合わせる方法。片側（向う側）は表目、手前側のもう片側は裏目をつなぎます。

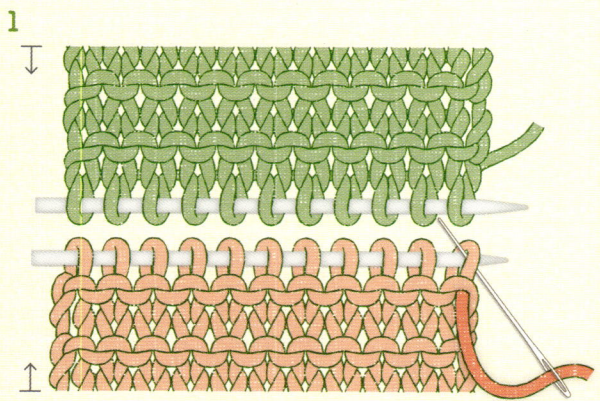

1

下の端の目から糸を出す

2

上の端の目に針を入れる

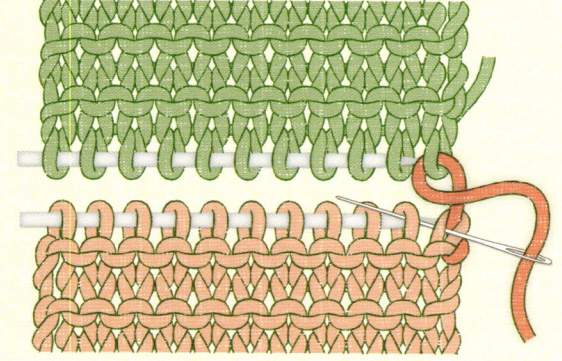

3

下の端の目に戻り、図のように針を入れる

4

上の目に戻り、図のように針を入れていく

5

3、4を繰り返し、はぎ終わった状態

Assembling —— まとめ
SEAMING

とじ方
編み地の段と段をつなぎ合わせることを「とじ」といいます。

● すくいとじ

表を見て編み地の横に渡った糸をすくってとじ針を入れ、糸を引きます。
とじ糸は見えないように、編み地の伸縮に合わせて1段ずつ引き締めていきます。

メリヤス編み

1目内側を1段ずつすくう
最も一般的なとじ方

1　作り目したときの残り糸をとじ糸にして、左側の作り目の横糸をすくい、右側は作り目と1段めの横糸（シンカーループという）に針を入れる

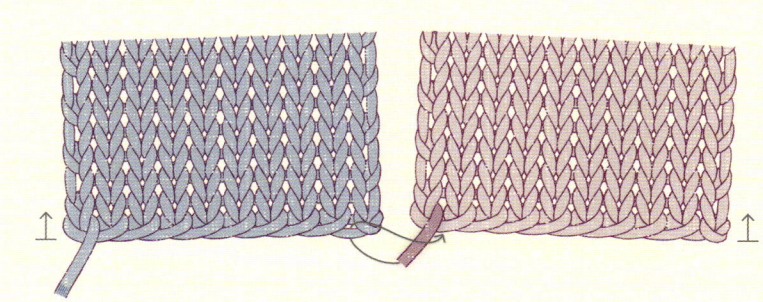

2　端の目と2目めの横糸を1段（1本）ずつ交互にすくっていく

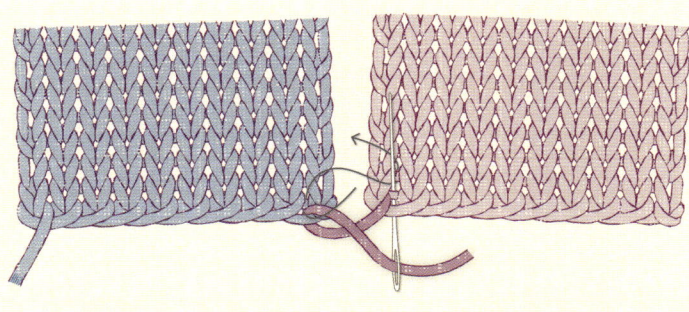

3

4　とじ糸は1段ずつ引き締めていくと、きれいに仕上がる

Assembling —— まとめ

とじ方 ● すくいとじ

メリヤス編み

（途中に減し目がある場合）

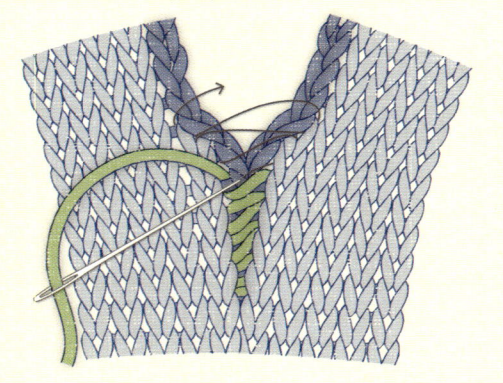

減し目をしたところは、半目ずつずらして針を斜めに入れる

（途中に増し目がある場合）

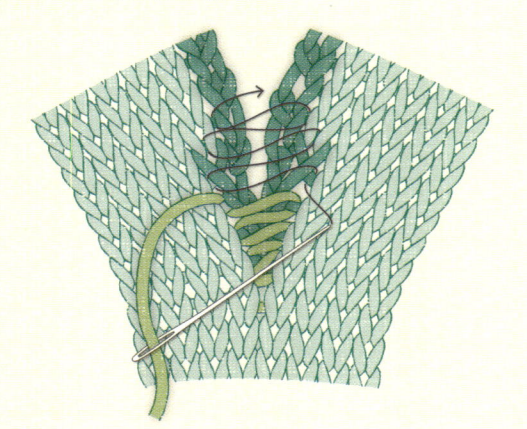

増し目（ねじり目）のクロス部分に下からとじ針を入れる

半目内側を1段ずつすくう

とじ目が薄く仕上がるので、太い糸に適する

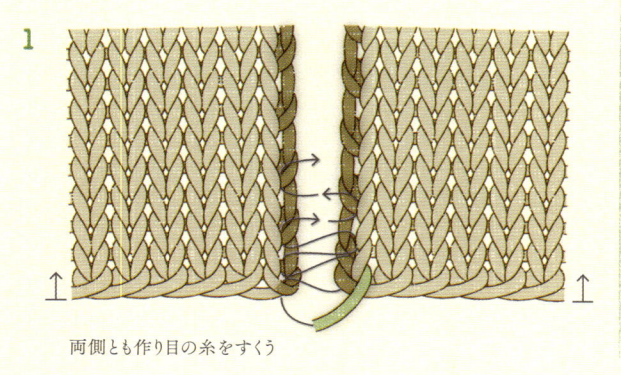

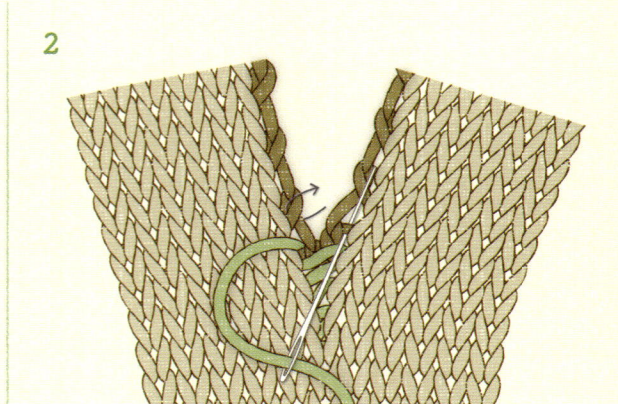

1

両側とも作り目の糸をすくう

2

半目内側のループ（ニードルループという）どうしをすくっていく

裏メリヤス編み

両側とも端1目内側の横糸（シンカーループという）を1段ずつ交互にすくう。

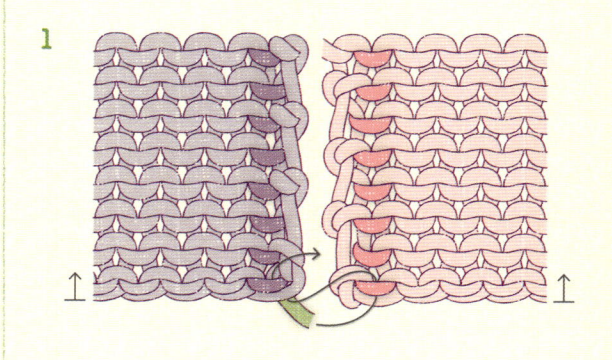

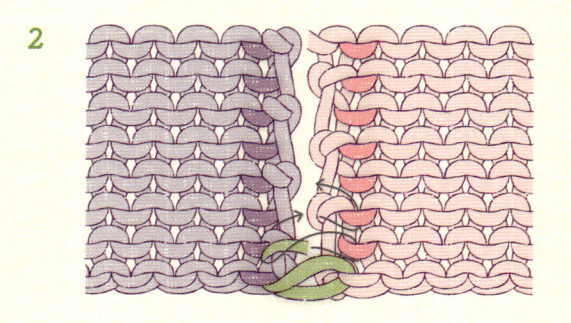

1

2

SEAMING

1目ゴム編み

端が表目2目と表目1目のときのとじ方。この場合も1目内側を1段ずつすくってとじる。

（「指に糸をかけて作る」一般的な作り目の場合）

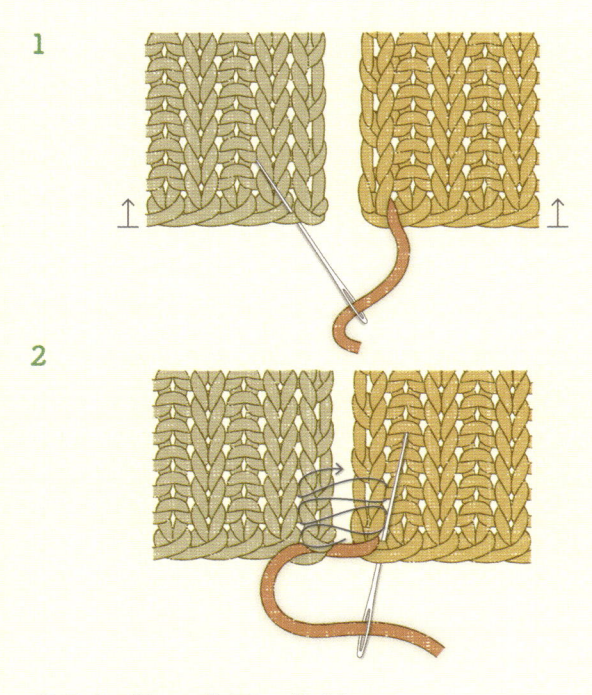

1

2

（1目ゴム編みの作り目の場合）

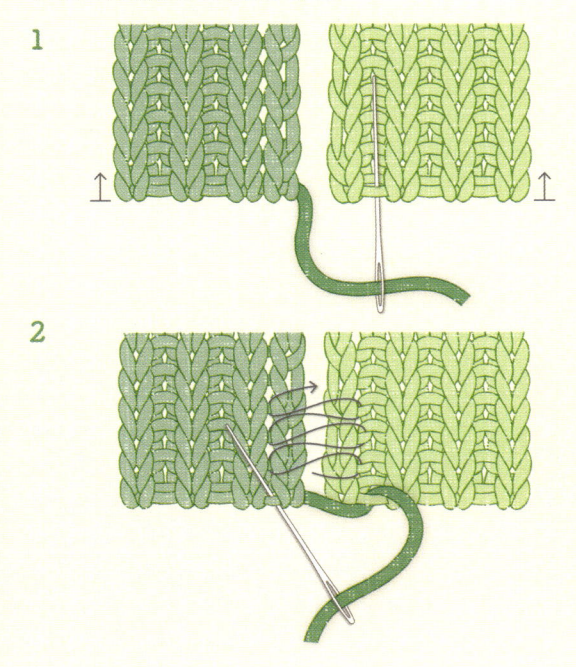

1

2

ガーター編み

ガーター編みは、編み方向に縮む特徴があるので、1段ずつとじるととじ目が伸びやすくなる。そこで1段おきに片方は1目内側を、もう片方は半目内側の糸をすくってとじる。

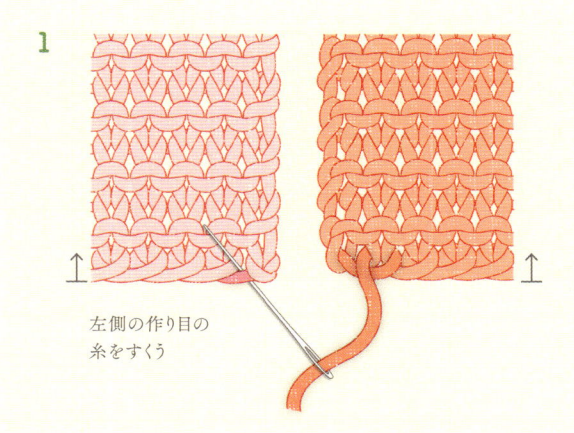

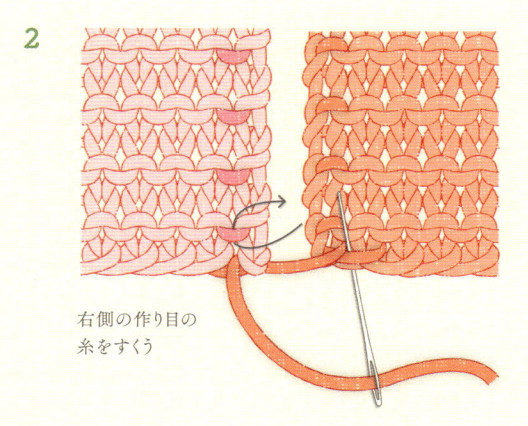

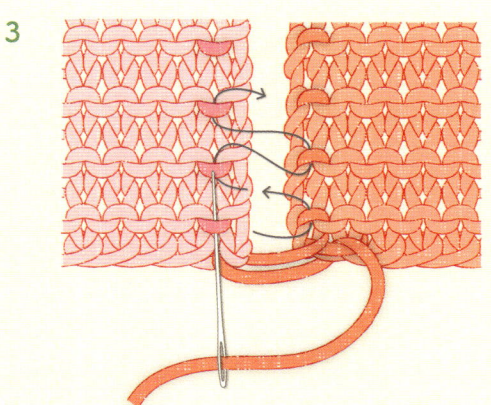

1

左側の作り目の糸をすくう

2

右側の作り目の糸をすくう

3

左側は1目内側のループを、右側は半目内側のループをすくうことを交互に繰り返す

Assembling —— まとめ

とじ方

🟢 コの字とじ

片仮名の「コ」の字を書くようにすくいます。半目ずつがとじ代になり、糸を引くと表目1目ができます。

メリヤス編みの場合

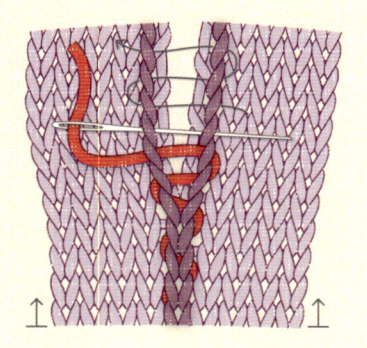

1目ゴム編みの場合

両端が表目1目のときに使われ、ゴム編み目がくずれずきれいにつながる

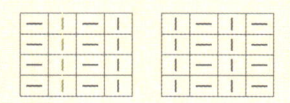

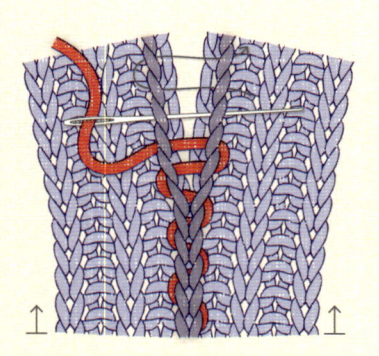

🟢 引抜きとじ

2枚の編み地を中表にして端をそろえ、かぎ針を使って「引抜き編み」の要領でとじ合わせる方法です。しっかりしたとじ目になり、伸びを防ぐので袖つけなとによく使われます。また、モヘアやネップのある糸なともこの方法が適しています。とじ目はすぐほとけるので、やり直しがしやすいです。

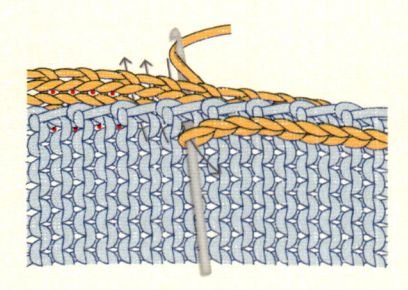

1 編み地を中表に重ね、1目めと2目めの間にかぎ針を編み地に対して直角に入れる

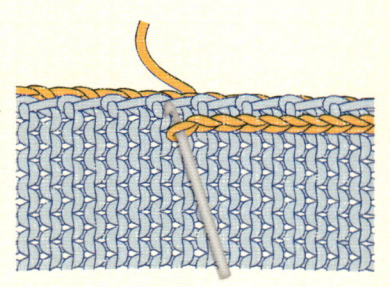

2 糸をかけて引き抜く。このとき、とじ目の鎖目がきつくならないように注意！

🟢 返し縫いとじ

穴あき模様のように編み端が安定しない編み地や、袖つけなどしっかりとじ合わせるときに適した方法です。2枚の編み地は中表に重ね、とじ針を使って1段進んでは1段戻りながらとじていきます。

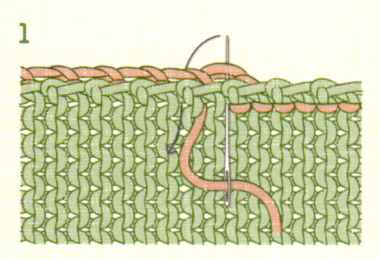

1

1目めと2目めの間に、編み地に対して直角に針を入れる

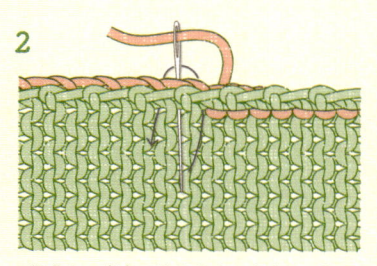

2

1段進んで直角に針を出す。矢印のように1段戻って1段進む

🟢 半返し縫いとじ

「返し縫いとじ」の要領で、進んだ分の半分を戻りながらとじます。

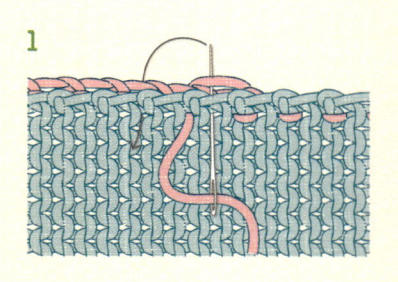

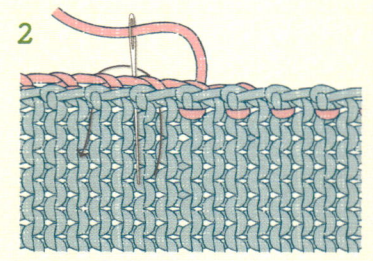

1

2

2段進んで直角に針を出す。矢印のように1段戻って2段進む

SEAMING

[知っているとニットがもっと楽しくなる応急手当！]

どちらもほどかずに直せる方法で、伸縮性のあるニットならではのテクニックです。
棒針と同じ号数のかぎ針を用意し、編み地を平らな場所に置いて手当をしてください。

編んでいる途中で「編み目を落とした」ことに気がついたとき

はずれた目にかぎ針を入れ、目と目の間に渡っている横糸を1段ずつすくって引き抜いていき、左の棒針にかけて編み続けます。

1

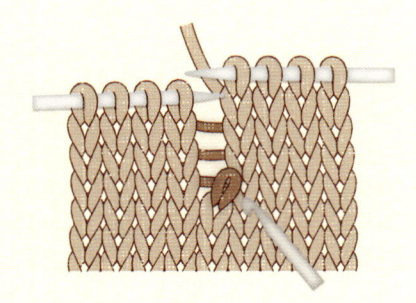

2

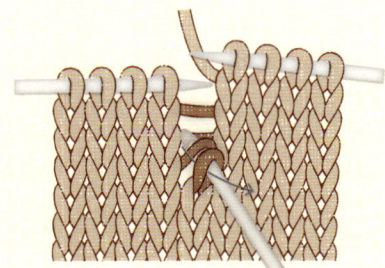

3

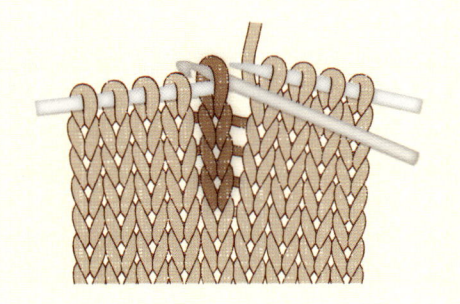

4

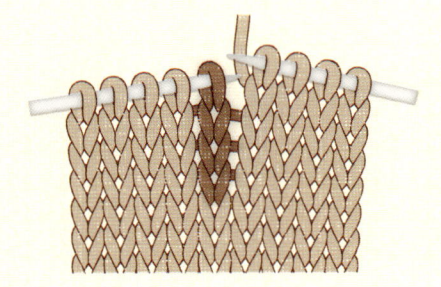

編んでいる途中で「編み目の編み方の間違い」に気づいたとき

この場合もかぎ針を使います。間違った位置の目を棒針からはずし、間違った目までほどきます。その目にかぎ針を入れて編み直していきます。

1

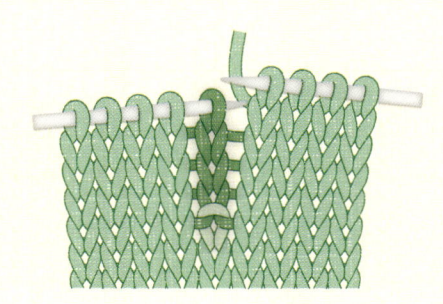

2

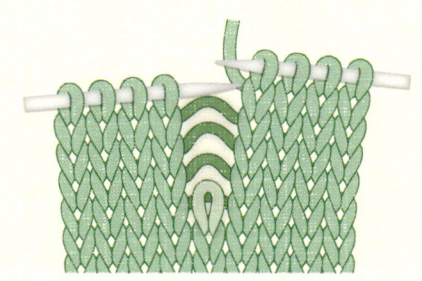

3

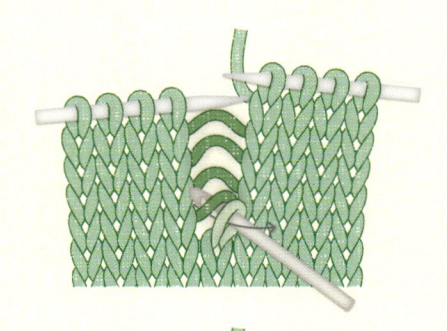

4

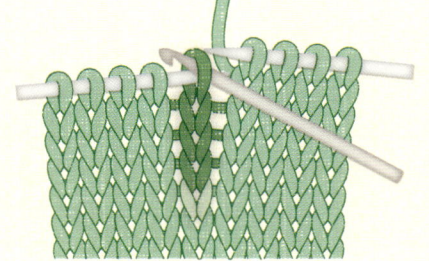

63

Assembling —— まとめ
BUTTONHOLES

編みながらあけるボタン穴

編み地には伸縮性があるので、ボタンの直径だけ穴をあける必要はありません。
1目ゴム編み、ガーター編み、かのこ編みなどは、かけ目をして2目一度に編んだボタン穴の大きさ（1目または2目の穴）で大丈夫です。
穴の回りはかがらず、そのまま使うほうが目立ちません。

● 1目のボタン穴

1目ゴム編みの場合

1　かけ目

2　左上2目一度

3

4

● 2目のボタン穴

ガーター編みの場合

1　左上2目一度　かけ目　右上2目一度

2　ねじって編む

3

KNITTING BASICS

All you need to start
編み始める前に

棒針編みは、糸の太さに合った2本の棒針を使います。
プレーンな編み地ほど編み目をそろえるのが難しいですが、きつすぎず、ゆるすぎず、
自分の手かげんを確認してから編み始めてください。

ボタンつけ

ボタンつけの糸は共糸（太い糸のときは割り糸にする）か穴糸を使います。
糸は2重にして使い、ボタンの裏で糸を輪の中にくぐらせてから、ボタンつけをします。

1　糸輪の中にくぐらせる

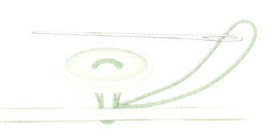

2　編み地の厚さによって、糸足を決める

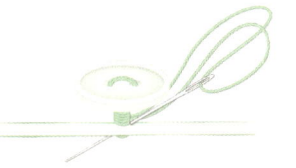

3　糸足に5～6回糸を巻いて裏側に針を出し、裏の糸にくぐらせて止める

● 割り糸

よじってあるところに針を入れて割る

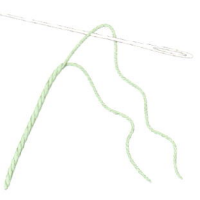

Knitting Needles

棒針

棒針には片方に玉のついている2本針と、ついていない4本針、5本針、そのほかナイロンコードでつながっている輪針があります。目がスムーズに移動するように、針先は適度な丸みと傾斜があるものを選びましょう。材質は竹製、プラスチック製、金属製などがあり、号数が大きくなるほど太くなります。

棒針（実物大）

0号
1号
2号
3号
4号
5号
6号
7号
8号
9号
10号
11号
12号
13号
14号
15号

※15号以上の太い針はジャンボ針と呼ばれ、ミリで表わされている

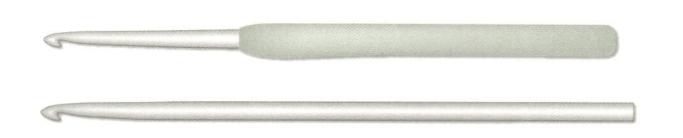

棒針のタイプ

玉つき2本針　約33cm

4本針　約30cm

4本針（短）　約20cm

5本針　約24cm

5本針（短）　約16cm

輪針

帽子やレッグウォーマーなどの小ものを輪に編むとき、セーターの衿ぐりや裾、袖口を編むときにも便利。ナイロンコードは、長さが80～20cmまであり、編むものによって使い分けます。

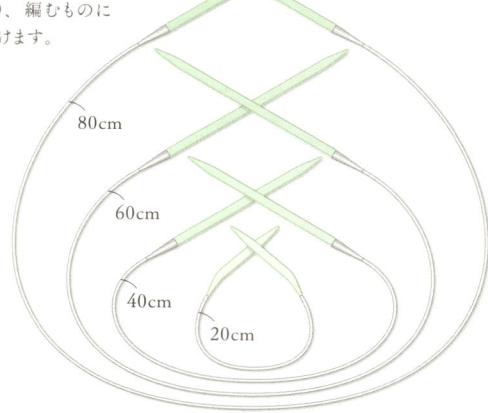

80cm
60cm
40cm
20cm

かぎ針

作り目、引抜き止め、はぎやとじなどに使います。かぎの大きさは棒針の号数に合わせます。

Knitting Yarns

編み糸

編み糸には毛糸、木綿糸、化繊糸、混紡糸などがあり、糸の太さを細いものから極々細、極細、合細、中細、合太、並太、極太、極々太、超極太と呼んでいます。
編み糸は「玉巻き」と「かせ」のものがあり、「玉巻き」は中心から糸端を引き出すとすぐ編めます。「かせ」は輪に束ねた糸を軽くよじってあるので、玉状に巻き直してから使います。

糸にはラベルがついていて、糸名、色番号（COL.）、ロット番号（LOT,染めた釜の番号）、素材名などのほかに、扱い方や注意点が明示されています。糸を買い足すときや洗濯のときなどの参考になるので、必ず保存しておきましょう。また、残り糸はとじ糸が切れたりしたときに必要になるので、大切にとっておいてください。

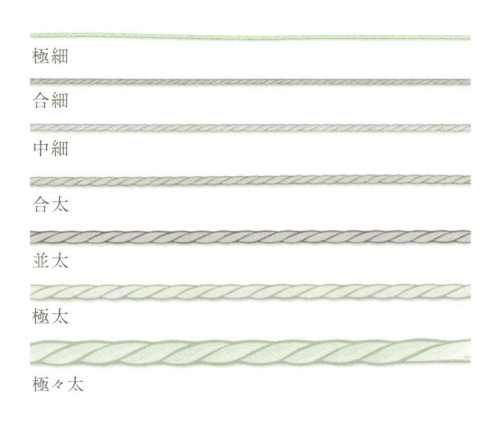

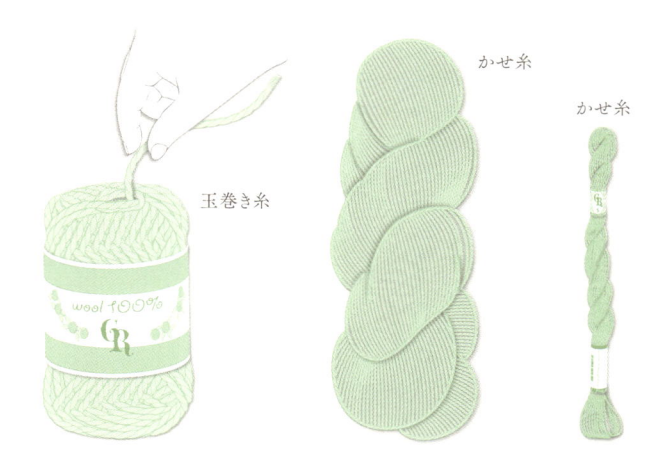

極細
合細
中細
合太
並太
極太
極々太

玉巻き糸
かせ糸
かせ糸

Gauge

ゲージについて

「ゲージ」とは、作品を編むための基準になる編み目の大きさのことで、一般的に10cm四方の編み地に何目、何段あるかを示します。編みたい作品が決まったら、作り方ページに示された号数の棒針と編み糸で、15〜20cm四方ぐらいの編み地サンプル（試し編み）を編みます。編み地を整え、平らなところに置き、編み目が安定している中央の10cm四方の目数と段数を数えます。もし、目数、段数が少ないときは、編み方がゆるいので棒針の号数を小さくし、反対に数が多いときは、編み方がきついので棒針の号数を大きくします。手編みは編む人の手かげんが異なります。編み方がゆるい、きついは編む人のくせで調節するのは難しいので、針の太さを変えながら、指定のゲージに近づけるようにします。編み始める前の、このひと手間が、編み進んで「寸法とおりにならない」という悔しい結果を避けられます！

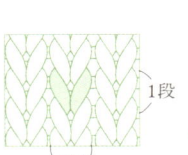

1段
1目

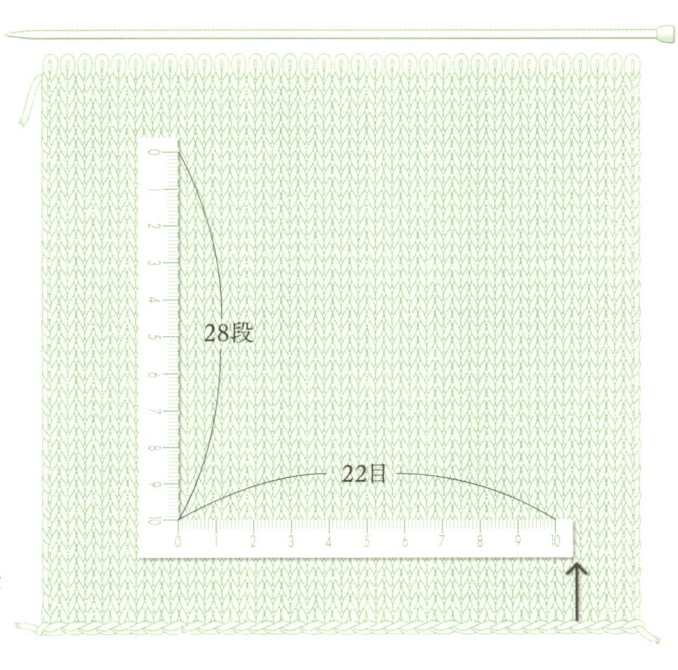

28段
22目

67

Yarn Needles

とじ針

編み目を止めるとき、編み地のとじやはぎ、糸端の始末などに使います。針先は丸く、針穴は毛糸が通りやすいように大きくなっています。長さと太さはいろいろあり、糸の太さや用途に合わせて選んでください。

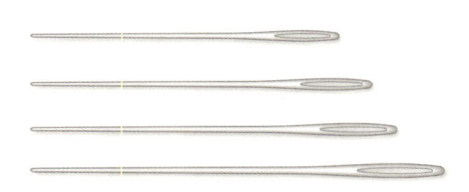

糸の通し方

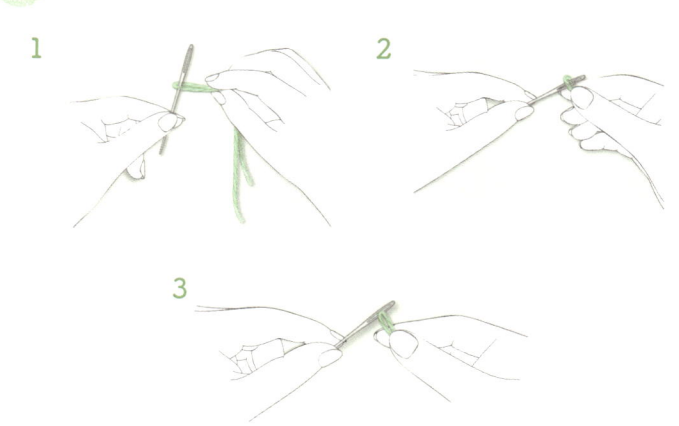

1
2
3

Weaving Yarn Tails

糸端の始末

糸端はとじ針に通し、裏側で段または目にくぐらせて始末します。
段は端の半目にからませるように、目は編み目の間で表に見えないようにそれぞれ2、3cm通します。

編み地の途中で糸を替えた場合

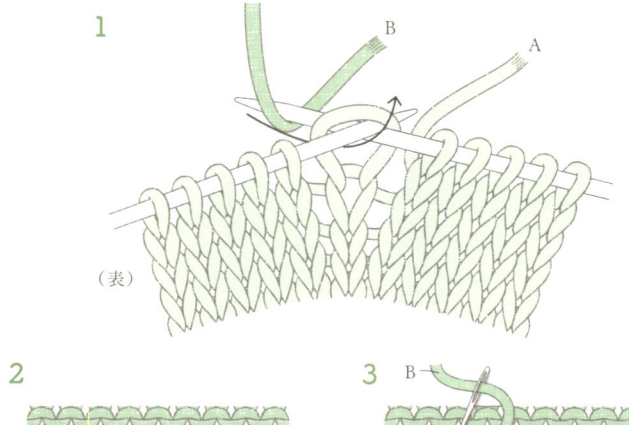

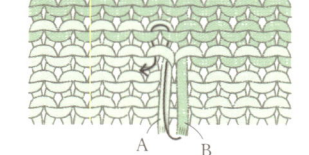

1
（表）

2
Bの糸は左の目をすくって始末する

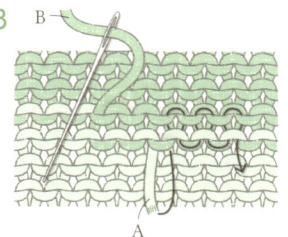

3
Aの糸は右の目をすくって始末する

編み地の端で糸を替えた場合

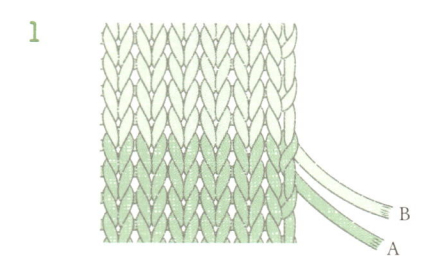

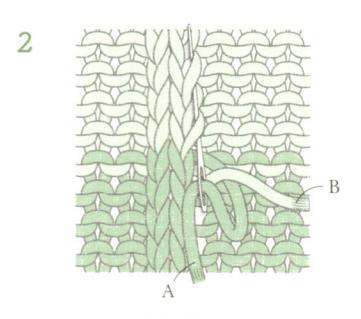

1

2
AはBの編み目に
BはAの編み目にくぐらせる

Joining Yarn

糸のつなぎ方

● はた結び

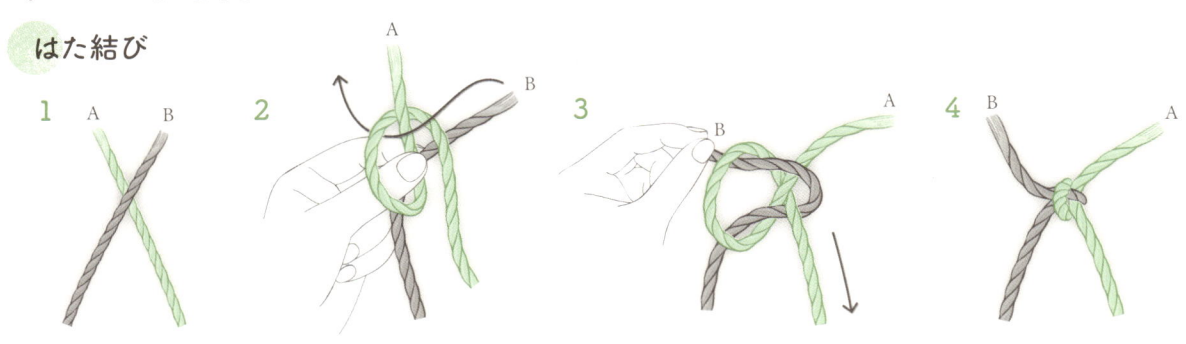

1 A B

2

3

4 B A

Tools

あると便利な用具

糸切りばさみ
刃先がとがっていて、小型の軽いものが便利

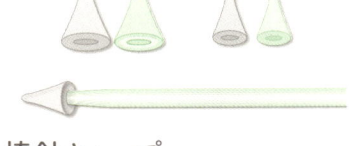

棒針キャップ
編んでいる途中で休むときなど、棒針の先にはめ、編み目が針からはずれないようにする

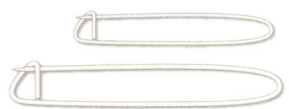

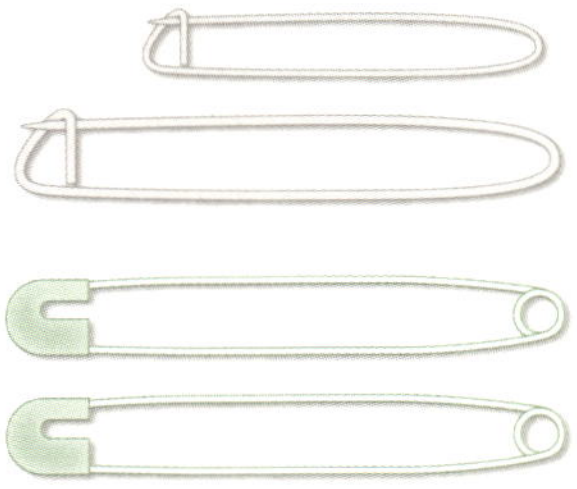

ほつれ止め
編み目を一時止めておくときに使う

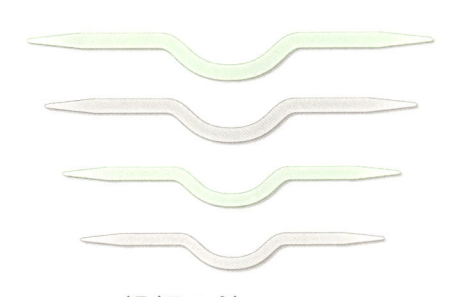

編み物用まち針
2枚の編み地をとじたり、はいだりするとき、編み地がずれないようにする

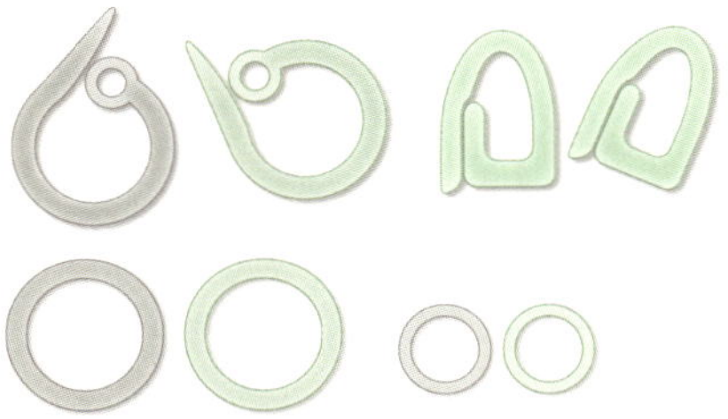

縄編み針
縄編み模様で交差編みをするとき、後で編む目をこの針に移しておく

目数リング・段数リング
減し目、増し目、輪編みの編始めなど、ポイントが一目でわかるようにつけるもの

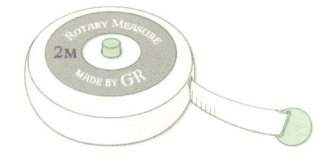

メジャー
ゲージをとるとき、編み地の寸法をはかるときに使う

index

あ
後でほどける作り目	9
穴あき模様	43
編み糸	67
編込み模様	47
編出し増し目	37
編み目記号	19
編み物用まち針	69
糸切りばさみ	69
糸のかけ方	7
糸のつなぎ方	69
糸の通し方	68
糸の持ち方	47
糸端の始末	68
裏編み	13
裏引上げ編み	46
裏目	13,50,51
裏目の左上2目一度	21,27,29
裏目の左増し目	24
裏目の右上2目一度	20,27,29
裏目の右増し目	23
裏メリヤス編み	14
円形編みの作り目の方法	11
応急手当	63
表編み	12
表引上げ編み	46
表目	12,50,51

か
返し縫いとじ	62
ガーター編み	16,52
ガーターはぎ	58
かぎ針	66
かぎ針編みの玉編み	44
かぎ針で作る作り目	8
かけ目	19,43,44,64
かぶせ引抜きはぎ	56
かぶせ目	40

さ
記号図の見方	14
ゲージ	67
コの字とじ	62
ゴム編み止め	53

3目一度	22,43
JIS記号	19
透し模様	43
すくいとじ	59
すべり目	19

た
縦縞模様	48
玉編み模様	44
段からの拾い目	55
段数リング	69
中間減目	26
作り目	6
とじ方	59
とじ針	68

な
中上3目一度	22,43
縄編み模様	39
縄編み針	39,69
ねじり増し目	35
ねじり目	19,64

は
配色糸の替え方	47
はぎ方	56
はた結び	69
半返し縫いとじ	62
引上げ編み模様	46
引抜きとじ	62
引抜き止め	51
引抜きはぎ	56
左上1目交差	39
左1目立て減	30

左上2目一度	21,26,28,43,64	
左上2目1目交差	42	
左上2目交差	41	
左2目立て減	31	
左上3目一度	22,43	
左かぶせ目交差	40	
左ねじり目	35	
左増し目	24	
1目交差	39	
1目ゴム編み	16,50	
1目ゴム編み止め	53	
1目立て減	30	
1目立て増し目	34	
1目の減し目	26	
1目のボタン穴	64	
1目の増し目	34	
伏止め	50	
伏せ目	32	
2目以上の減し目	32	
2目以上の増し目	36	
2目一度	20,21,43	
2目1目交差	42	
2目交差	41	
2目ゴム編み	18	
2目ゴム編み止め	54	
2目のボタン穴	64	
フランス式糸のかけ方	7	
分散減目	26	
別糸の作り目の拾い方	9	
減し目	26	
棒針	66	
棒針編みの玉編み	44	
棒針キャップ	69	
棒針で目を編み作る作り目	10	
棒針の持ち方	7	
ボタン穴	64	

	ボタンつけ	64
	ほつれ止め	69
ま	巻止め	52
	巻き目	36
	巻き目の増し目	36
	増し目	34
	右上1目交差	39
	右上1目立て減	30
	右上2目一度	20,26,28,43,64
	右上2目1目交差	42
	右上2目交差	41
	右上3目一度	22,43
	右かぶせめ交差	40
	右ねじり目	35
	右1目立て減	30
	右2目立て減	31
	右増し目	23
	目からの拾い目	55
	目数リング	69
	メジャー	69
	目の止め方	50
	目の拾い方	55
	目を一度に絞って止める方法	52
	メリヤス編み	14,52
	メリヤスはぎ	57
や	指に糸をかけて作る作り目	6
	用具	66
	横縞模様	48
ら	レース編み模様	43
わ	輪編みの作り目の方法	10
	輪針	10,66
	割り糸	65

ブックデザイン	わたなべげん
解説&イラスト	中庭ロケット
解説&原稿整理	山田陽代
協力	清野明子
校閲	向井雅子
編集	大沢洋子（文化出版局）

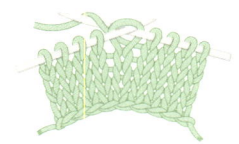

基本の編み方がわかる本
はじめましての棒針教室
文化出版局編

2012年 9月 3日　第1刷発行
2019年11月27日　第2刷発行

発行者 ………… 濱田勝宏

発行所 ………… 学校法人文化学園 文化出版局
　　　　　　　　〒151-8524
　　　　　　　　東京都渋谷区代々木3-22-1
　　　　　　　　☎03-3299-2489（編集）
　　　　　　　　☎03-3299-2540（営業）

印刷・製本所 …… 株式会社文化カラー印刷

©学校法人文化学園 文化出版局 2012　Illustrations © Nakaniwa Rockett 2012
Printed in Japan

本書のカット及び内容の無断転載を禁じます。

本書のコピー、スキャン、デジタル化等の無断複製は著作権法上での例外を除き、禁じられています。本書を代行業者等の第三者に依頼してスキャンやデジタル化することは、たとえ個人や家庭内での利用でも著作権法違反になります。

文化出版局のホームページ　http://books.bunka.ac.jp/
書籍編集部情報や作品投稿などのコミュニティサイト　http://fashionjp.net/community/